国家自然科学基金课题"合作社内农户信用合作契约达成及治理结构选择"（71673138）

农民专业合作社内 信用合作达成与治理研究

以苏鲁地区为例

Research on Credit Cooperation Realization and
Governance in Farmers' Professional Cooperatives:
Evidence from Jiangsu and Shandong Province

张　雷　陈东平◎著

经济管理出版社
ECONOMY & MANAGEMENT PUBLISHING HOUSE

图书在版编目（CIP）数据

农民专业合作社内信用合作达成与治理研究——以苏鲁地区为例/张雷，陈东平著. —北京：经济管理出版社，2021.6

ISBN 978-7-5096-8088-9

Ⅰ. ①农… Ⅱ. ①张…②陈… Ⅲ. ①农业合作社—专业合作社—信用制度—研究—中国 Ⅳ. ①F321.42 ②F832.4

中国版本图书馆 CIP 数据核字（2021）第 127775 号

组稿编辑：张　昕

责任编辑：乔倩颖

责任印制：黄章平

责任校对：陈　颖

出版发行：经济管理出版社

（北京市海淀区北蜂窝 8 号中雅大厦 A 座 11 层　100038）

网　　址：www.E-mp.com.cn

电　　话：（010）51915602

印　　刷：唐山昊达印刷有限公司

经　　销：新华书店

开　　本：710mm×1000mm /16

印　　张：15.75

字　　数：183 千字

版　　次：2021 年 10 月第 1 版　　2021 年 10 月第 1 次印刷

书　　号：ISBN 978-7-5096-8088-9

定　　价：98.00 元

前言

　　农民专业合作社社员（以下简称"合作社社员"）作为新型农业经营主体的重要组成部分，其融资难问题是当前阻碍乡村振兴的重要因素之一。为了解决合作社社员融资难问题，由合作社自发开展的信用合作活动在全国范围内不断发展。同时，自2012年中央一号文件提出要"引导农民专业合作社规范开展信用合作"以来，以山东、江苏等省为代表的地区，也相继开展了由地方政府主导的合作社内信用合作试点活动。但是，从实际发展情况来看，部分合作社内信用合作试点活动难以有效展开，已开展信用合作的部分合作社存在"向影子银行演进"等使命漂移行为。因此，本书试图分析影响合作社内信用合作实现达成的因素、治理效果以及出现使命漂移等治理失效问题的原因。基于此，本书以苏鲁地区为例，利用互联性交易和治理机制等理论，分别探讨合作社内信用合作达成及治理问题。本书的具体研究内容如下：

　　一是苏鲁地区合作社内信用合作现状及模式比较。此部分重点对苏鲁地区存在的合作社内信用合作现状及模式进行了总结，并从治理机制视角进行了比较分析。研究显示：首先，从信用合作发起主体及资金管理视角，可以将苏鲁地区存在的合作社内信用合作模式分为"无池化"模式、"基本股金"模式、"混合"模式以及"机构"模式；其次，基于组织治理机制视角的比较分析得出，外生型的"无池化"和"基本股金"模式监督机制较为完善，但是过度的政府干预可能会造成社员出资激励不足和不可持续等问题；最后，内生的"机构"模式因外部监管的缺失加上过高的出资成本，易造成"诱发管理者机会主义行为"等治理失效问题。

二是合作社内信用合作的出资行为分析。此部分以山东和江苏两省635份社员问卷为样本，基于社会认知理论和期望效用函数理论，对社员信用合作认知与社员出资行为的关系进行了探讨。研究结果显示：首先，从社员信用合作权属认知程度来看，核心社员群体对信用合作权属认知程度显著高于普通社员群体对信用合作权属认知程度；其次，从实证结果来看，社员的信用合作权属认知程度与社员的信用合作出资规模呈现显著的正向相关关系，社员对信用合作权属认知程度越高，越有利于社员对合作社内信用合作出资；最后，除了社员的信用合作权属认知因素对其出资行为产生影响，出资收益率以及是否预期获得借款等因素也会对社员的出资行为产生显著影响。

三是合作社内信用合作的借款行为分析。此部分以山东和江苏两省635份社员问卷为样本，基于声誉理论和互联交易理论，对社员借款行为达成机制进行了分析。研究结果显示：首先，从数据描述性分析来看，社员与合作社之间的交易频率上升和交易种类的增加有利于社员合作社内信用合作信贷可得性的增加；其次，从实证结果来看，社员与合作社之间的交易频率越高、交易种类数越多，生产合作声誉机制越有利于促进社员合作社内信用合作信贷可得性的提升；最后，本书使用社员与合作社之间的交易额度作为声誉效应的替代变量，使用部分信贷约束下的子样本分别做稳健性检验，实证结果显示生产合作声誉效应依然成立。

四是合作社内信用合作达成治理与绩效分析。基于外部政府规制和内部治理机制因素来看：首先，当前合作社内信用合作社会绩效和财务绩效均表现出一定差异性，信用合作"不可持续"和"过度趋利"问题同时存在。其次，外部政府规制因素对信用合作社会绩效和财务绩效，分别表现出促进和抑制作用。这就意味着，外部政府规制缺失易导致信用合作过度趋利，进而引发使命漂移行为，而政府过度干预又会使信用合作的激励不相容，导致信用合作出现不可持续问题。再次，合作社内信用合作管理主要由以理事长为代表的核心社员主导，对信用合作建立内部监督机制的合作社比例较低。最后，提高政府补贴程度和平均借款利率因素能够在一定程度上促进信用合作财务绩效和社会绩效的提升。

五是合作社内信用合作达成治理与使命漂移动因分析。基于一个典型案例分析，本书在分析外部政府规制和内部治理因素导致信用合作出现使命漂移的基础上，进一步探讨了促使信用合作治理失效等更深层次的原因。研究结果显示：首先，在决策机制层面，理事长等核心社员主导信用合作管理，易产生内部人控制问题，进而为信用合作"向影子银行演进"等使命漂移现象奠定决策基础；其次，在监督机制层面，普通社员往往仅参与合作社内信用合作的出资和借款活动，导致合作社内信用合作监事会制度难以发挥作用，放松了对核心社员群体在信用合作管理上可能出现的道德风险行为约束；再次，在激励机制层面，以理事长为代表的核心社员群体，通过对信用合作产权关系的异化，掌握了合作社内信用合作的盈余分配权和索取权，进一步诱使合作社内信用合作向过度趋利性的"影子银行"方向演进；最后，缺乏相关法律制度以及生产合作异化等因素是导致信用合作使命漂移的更深层次因素。

基于以上分析可以发现，一方面，合作社内信用合作达成是外部政府规制因素和内部生产合作特征因素以及社员信用合作认知因素等共同作用的结果；另一方面，内部治理机制的不完善和外部政府规制的缺失或过度干预，会导致信用合作的不可持续以及使命漂移等治理问题。针对以上研究结论，本书提出以下政策启示：首先，合作社内信用合作的开展，要注重加大对参与信用合作普通社员关于信用合作权属义务的宣传力度，提高普通社员对合作社内信用合作权利义务的认知程度，避免社员对信用合作产生认知偏差。其次，要积极筛选与普通社员生产合作紧密、服务功能完善的合作社开展信用合作，提高信用合作与生产合作的关联程度。再次，对于合作社内信用合作治理问题，一方面，应该明确合作社内信用合作监管主体，加快出台与合作社内信用合作相关的法律法规，建立准入和取缔制度；另一方面，要建立诱导普通社员参与信用合作管理和监督的激励机制，避免信用合作内部治理出现核心社员控制问题。最后，财务可持续是参与合作社内信用合作各方主体实现激励相容的基础，因此政府规制因素在保证信用合作履行社会性使命的同时，也应减少对信用合作的过度干预，避免导致合作社内信用合作的不可持续。

⑤ 合作社内信用合作达成之出资行为分析　/079

⑧　合作社内信用合作达成治理与使命漂移动因分析 /144

1 导　言

1.1　研究背景与问题

　　自 2007 年《中华人民共和国农民专业合作社法》正式施行以来，农民专业合作社发展迅速。数据显示，截至 2017 年 9 月底，全国依法登记的农民合作社达 196.9 万家①。但是，随着农民专业合作社的不断发展，农民专业合作社社员融资难问题也日益凸显（黄祖辉，2010；刘冬文，2018）。为了解决农民专业合作社社员融资难问题，以农民专业合作社为基础开展的各种信用合作活动在全国范围内不断出现。有学者基于全国 579 家典型农民专业合作社的调查指出，开展农资赊购类融资服务的合作社占比 48.9%，开展资金互助类②融资服务的合作社已达 26.4%③。

---

　　①　数据来源于《2018 中国新型农业经营主体发展分析报告》，http：//www. farmer. com. cn/jjpd/hzs/201802/t20180223_ 1358121. htm。

　　②　资金互助、信用互助与信用合作概念具有相似性，在本书中凡是以合作社为边界，以生产合作为基础，社员自愿出资，满足社员融资需求的资金互助或信用互助行为，均视为合作社内信用合作活动。

　　③　数据来源于《2018 中国新型农业经营主体发展分析报告》，http：//www. farmer. com. cn/jjpd/hzs/201802/t20180223_ 1358121. htm。

在此过程中，为推动农民专业合作社内信用合作（以下简称"合作社内信用合作"）发展，国家出台了一系列相关政策和文件。例如，2012年，中央一号文件明确提出，要"引导农民专业合作社规范开展信用合作"。2016年中央一号文件更是指出，要"扩大在农民合作社内部开展信用合作试点的范围"，"健全风险防范化解机制，落实地方政府监管责任"。国务院办公厅也连续几年发文，要求"引导农民专业合作社内开展信用合作活动"。各地区地方政府更是出台具体的指导政策，例如山东省2015年出台《山东省农民专业合作社信用互助业务试点管理暂行办法》，推动农民专业合作社内信用合作业务的发展。同时，江苏省2014年也开展了农民专业合作社内信用合作试点，并出台相关政策指导文件。中央政府出台的一系列政策文件和各地区开展的一系列合作社内信用合作试点活动，显示了中央政府以及各级地方政府对合作社内信用合作活动的高度重视，这无疑对合作社内信用合作活动的发展起到推动作用。

但是，从实际发展情况来看，各地区试点开展和自发开展的合作社内信用合作活动仍然存在诸多问题。如有学者指出，截至2016年6月底，山东省有96家农民专业合作社取得信用互助（合作）试点资格，但只有62家开展了信用互助业务（聂左玲，2017）。同时，也有研究基于2011年对9省25县128家合作社的调研指出，有14.8%的合作社开展了合作社内信用合作（资金互助）活动（毛飞，2014）。更进一步地，不同信用合作治理模式下，合作社内信用合作的运营效果也表现出显著差异（孔祥智，2017；黄迈等，2019）。同时，少数开展信用合作的合作社甚至出现"精英俘获、向影子银行演进"等使命漂移现象（兰永海等，2018；罗兴，2017）。缓解合作社社员融资难困境，特别是满足合作社社员"小额、分散"的生产经营融资需求，是政府推动合作社内信用合作发展的重要初衷①。因此，如何实现合作社内信用合作的有效展开和运行，对于合作社内信用合作的下一步发展，具有重要的政策意义和理论意义。

由此，本书提出的问题是：合作社内信用合作能够实现达成的作用机理是什么？当前不同信用合作模式下，合作社内信用合作的治理效果如何？

对于以上问题，本书将分别从社员和合作社层面，通过互联交易理论及治理机制理论等予以探索研究。

1.2　研究意义

农业（农户）融资难问题一直被学术界和政策界所关注，在以农民专业合作社为代表的新型农业经营主体不断发展的大背景下，如何依托这些新型农业经营主体实现有效的金融创新，对于推动"三农"发展具有重要意义。同时，基于国内外对合作金融理论和合作金融组织的研究现状来看，以生产合作特征为基础的信用合作达成及治理有效性探讨研究仍然匮乏。由此，本书的研究意义主要体现在以下两个方面：

从现实意义而言，合作社内信用合作是在农业融资难背景下，由合作社内生发展以及地方政府试点下发展的产物。分析合作社内信用合作的内在生发机理，有利于辨析合作社内信用合作出现

---

① 例如农业部《农民合作社开展信用合作试点暂行办法》中指出"信用合作资金仅为本社员发展农业生产经营活动提供小额资金支持"，山东省《农民专业合作社信用互助业务试点管理暂行办法》也明确要求信用合作满足"小额、分散"等原则。

及发展的本质。同时，针对合作社内信用合作发展过程中出现的
"精英俘获、向影子银行演进"等使命漂移问题，评估不同治理模式
下合作社内信用合作治理绩效，并进一步分析少数合作社出现使命漂
移等治理失效的原因，有利于合作社内信用合作的平稳发展。

从理论意义而言，一方面，已有对合作金融组织的研究主要是基
于共跻监督理论（Stiglitz，1990；董晓林等，2016）、社会资本理论
（何广文等，2008；张德元等，2016）来分析农民资金互助组织等合
作金融组织的生发机理，尚未考虑以产业为基础的合作社内信用合作
所存在的业缘监督优势。本书基于互联交易和声誉理论等理论，从社
员层面分析信用合作达成中的借款行为，是对互联交易和声誉理
论应用范围的进一步拓展。另一方面，已有对社员参与资金互助
组织和出资行为的研究，主要分析了利率因素以及预期获得贷款
因素（董晓林等，2013），尚未考虑权属认知因素对其出资行为
的影响。本书基于社会认知理论重点分析社员对信用合作权属认
知对其信用合作出资行为的影响，是对认知理论应用范围的进一
步延伸。最后，虽然对于治理机制理论的研究颇为丰富，但是应
用到对合作社内信用合作治理问题的解释中，仍属于首次。

1.3 研究目标与内容

1.3.1 研究目标

本书的主要研究目标是探讨合作社内信用合作的生发机理，

在此基础上研究分析不同治理模式下合作社内信用合作的治理有效性（绩效），并进一步探讨部分合作社内信用合作出现使命漂移等治理失效问题的动因。

1.3.2　研究内容

针对上文提出的研究目标，本书主要的研究逻辑如下：一方面，从合作社内信用合作内涵来看，信用合作达成主要包括出资行为达成和借款行为达成两个主要方面（薛桂霞，2013），因此针对"合作社内信用合作能够实现达成的作用机理是什么？"问题，本书将分别从出资行为达成和借款行为达成两个研究内容进行分析。另一方面，合作社内信用合作达成是信用合作治理的前提，在此基础上针对"不同信用合作模式下，合作社内信用合作的治理运行效果如何？"问题，本书主要依据治理机制理论，分别从内部治理机制和外部制度环境两个维度，探讨不同治理结构对信用合作组织绩效的影响，并进一步尝试探讨出现信用合作使命漂移等治理失效现象的动因。

内容一：苏鲁地区合作社内信用合作现状及模式比较。此部分研究内容主要对苏鲁地区合作社开展信用合作的情况进行一个总体情况的描述性分析。同时，在信用合作已有研究基础上，基于课题组对苏鲁6市26家样本社的实地调研，对苏鲁地区合作社内信用合作的模式进行归类总结。更进一步地，从治理机制视角，对当前苏鲁地区存在的各种合作社内信用合作模式，进行比较分析。最后，针对苏鲁地区不同模式下的合作社内信用合作活动在治理机制上可能存在的问题进行讨论。

内容二：合作社内信用合作达成机理分析。合作社内信用合作达成本质上就是参与信用合作利益相关者（出资者、借款者）实现激励相容的过程。从合作内涵和行为上来看，信用合作达成包括了出资行为的达成和借款行为的达成。基于此，本书将分别从出资行为和借款行为视角分析信用合作达成的核心要素。具体内容如下：

（1）合作社内信用合作达成之出资行为分析。成员出资是合作社内部信用合作的主要资金来源，同时也是合作社能否有效开展信用合作的关键前提。因此，本章将首先从社员出资视角，基于社会认知理论，从社员个体信用合作权属认知因素层面，分析社员信用合作权属认知程度对其出资行为的影响；其次，基于对苏鲁地区6市26家合作社内信用合作635份社员样本调研数据，利用Tobit模型实证检验社员信用合作权属认知因素对其出资行为影响的假说；最后，基于实证分析结果，进一步探讨解释当前不同政府规制环境下，合作社内信用合作出现出资积极性不足的原因。

（2）合作社内信用合作达成之借款行为分析。缓解社员融资困境是合作社内开展信用合作活动的重要初衷之一，依托社员与合作社之间的生产合作关系，是否能够有效缓解社员信用合作道德风险是本章的逻辑起点。因此，本章将首先基于互联性交易理论和声誉理论，分析社员与合作社之间的生产合作特征对社员信用合作道德风险行为抑制的理论逻辑，进而实现对社员合作社内信用合作信贷可得性的提升。其次，基于对苏鲁地区6市26家合作社内信用合作635份社员样本调研数据，利用Heckman两阶段模型，第一阶段构建社员是否申请合作社内信用合作借款的选择方程，第二阶段构建影响社员合作社内信用合作信贷可得性（借款金额）的影响因素方程。最后，在此基础上，揭示在农村金融市场中，农民专业合作社内信用合作活动能够层出不穷的原因。

内容三：合作社内信用合作达成治理分析。信用合作治理是合作社内信用合作可持续有效运行的关键，基于此，本书将首先评估分析信用合作运行现状，然后分析部分信用合作出现治理失效的原因。具体内容如下：

（1）合作社内信用合作达成治理机制与绩效分析。前文中主要通过社员层面，分析如何实现对信用合作出资行为和借款行为的达成，进而实现合作社内信用合作的达成。本部分研究内容主要从合作社层面，进一步分析如何实现对大多数普通社员"小额、分散"农业生产融资困境缓解的社会性（政策性）目标和财务可持续的财务绩效目标。因此，本章将基于治理机制理论视角，从外部制度环境和内部治理机制两个层面，分析治理因素对合作社内信用合作的社会绩效和财务绩效的影响逻辑。然后，在此基础上分别选取平均借款规模以及净资产收益率等指标作为合作社内信用合作的社会绩效和财务绩效代理变量，并进一步验证外部制度环境因素和内部治理机制因素对合作社内信用合作治理绩效的影响假说。

（2）合作社内信用合作达成治理与使命漂移动因分析。在从外部制度环境和内部治理机制因素两个层面对合作社内信用合作治理绩效进行实证分析的基础上，此部分研究内容试图用案例研究的方法，进一步论证导致部分合作社内信用合作出现使命漂移等治理失效现象的原因，并探讨合作社内信用合作未来的发展方向。

1.4 技术路线图

针对上文提出的研究问题，结合本书的研究目标和研究内容，构建的技术路线图主要包括以下几个部分。

首先，结合合作社内信用合作当前发展和研究现状以及政策背景，提出本书的两个核心问题，即"合作社内信用合作达成机理是什么?"和"不同信用合作模式下，合作社内信用合作的治理运行效果如何?"。其次，针对提出的两个研究问题，基于国内外已有对信用合作组织的研究以及合作社内信用合作的研究构成本书的研究基础，并试图从互联交易、声誉以及治理机制等理论，分析本书的研究假说。再次，在研究假说提出的基础上，本书试图通过描述性分析，总结归纳苏鲁地区当前存在合作社内信用合作模式，并基于治理机制视角，做进一步比较分析;同时，基于信用合作内涵，本书将合作社内信用合作达成分解为出资行为达成和借款行为达成，并分别基于社会认知理论和声誉理论，探讨影响合作社内信用合作出资行为和借款行为达成的关键影响因素。又次，针对合作社内信用合作达成中出现的运行效果不一等问题，本书试图基于治理机制理论，分析影响合作社内信用合作治理绩效中存在的内部治理因素和外部制度环境因素。最后，对于少数合作社内信用合作出现使命漂移等治理失效问题，本书试图进一步利用案例分析的方法，分析导致治理失效的原因。在以上分析的基础上，得出本书的研究结论和对策建议。基于上述分析本书构建技术路线图如图1-1所示。

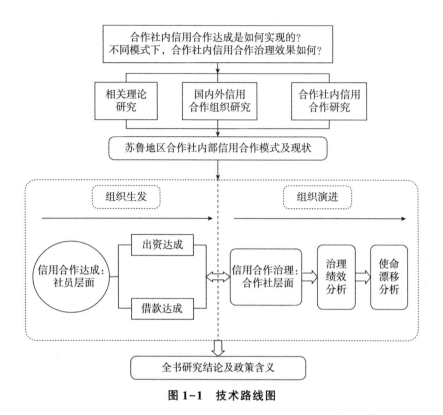

图1-1 技术路线图

1.5 研究方法和数据来源

1.5.1 研究方法

结合上文提出的研究问题、研究目标、研究内容以及技术路线图，本书将利用以下研究分析方法进行研究内容的梳理、问题的剖析及解决。

（1）文献整理法。文献整理法主要是指通过文献的梳理来归纳总结当前国内外学者对本书研究对象的研究现状以及对研究问题所作出的研究贡献，从而实现对研究对象的初步认识。本书的主要研究对象——合作社内信用合作，从广义上来讲既属于微型金融组织（Microfinance），又属于合作金融组织（Cooperative Finance），因此在文献梳理上，本书将会重点分析国内外信用合作组织的研究以及以合作社内信用合作为对象的研究，为合作社内信用合作达成及治理研究奠定文献基础。

（2）理论演绎法。理论演绎法是指通过理论分析和逻辑演进的分析方法，来剖析现实问题的本质原因。针对上文中提出的五个研究内容，即合作社内信用合作的现状及模式、出资及借款达成以及治理有效性问题，本书将会利用社会认知理论、互联交易理论、声誉理论以及治理机制理论等理论手段进行理论分析，并利用逻辑演绎的方式推导出研究假说。

（3）博弈论分析法。博弈论分析方法主要是指通过博弈论分析方法来实现对现实问题的解决。针对上文中第三部分研究内容，即合作社内信用合作借款行为的达成研究，本书将会利用关联博弈分析方法，分析社员与合作社之间存在的生产合作行为通过声誉效应对合作社内信用合作达成的影响逻辑及机制。

（4）实证分析法。实证分析是指利用定量的手段，并采取合理的计量模型，对理论分析和博弈分析所得出的假说进行验证。针对上文中的合作社内信用合作出资达成、借款达成以及治理有效性等研究内容，本书将会通过实证研究的手段，对理论分析和博弈分析所得出的研究假说进行验证。

（5）案例研究分析法。案例研究分析方法主要是指选取具有代表性的案例，全面且具体地利用可定量因素以及不可定量因素对所探讨问题进行剖析。针对部分合作社开展信用合作出现使命漂移等治理失效问题，本书将会在剖析外部政府规制以及内部治理机制等因素对合作社内信用合作使命漂移影响的基础上，进一步分析其原因。

1.5.2 数据来源

本书主要以苏鲁地区存在的不同模式的合作社内信用合作为研究对象，剖析合作社内信用合作达成及可持续的机制。通过对苏鲁地区合作社内信用合作典型案例的前期走访，笔者在 2017 年选取了苏鲁地区 26 家开展合作社内信用合作的合作社为样本，每家发放社员问卷 25 份，一共获得社员层面有效问卷 635 份。同时，以合作社开展信用合作的原始财务记账资料为基础，结合与理事长进行深度访谈的形式，获取了 26 家自开始开展信用合作活动年度的财务数据。同时，在 2018 年底，通过对 26 家开展合作社内信用合作的样本社进行回访，获得 26 家开展合作社内信用合作的合作社自开展信用合作起到 2018 年底的非平衡面板财务数据 178 份。

从样本分布来看，26 家农民专业合作社内信用合作样本涵盖了江苏省试点 9 家"基本股金"信用合作试点模式①、山东省 11 家"无池化"信用合作试点模式以及 6 家由合作社自发开展信用合作模式。因此，在样本选择上能够有效代表苏鲁两省的合作社内信用合作实际运行情况。同时，从产业类型分布来看，所选取的样本合作社包括了种植类、养殖类以及林木类合作社，能够有效代表不同产业类型合作社在开展合作社内信用合作的实际情况。从地域分布来看，26 家合作社内信用合作样本分布在江苏省无锡

---

① 江苏省于 2014 年 6 月开展"基本股金"模式合作社内信用合作试点，同时也出台了《关于规范开展农民合作社内部信用合作试点的业务指引》。

和镇江（苏南）、泰州（苏中）以及盐城（苏北）4市，山东省
枣庄和临沂2市①。

表1-1　样本地区分布

省份	地区	农村居民人均收入水平（元）	样本社数	社员问卷数
江苏	无锡	28358	5	123
	镇江	22724	2	47
	泰州	19494	1	25
	盐城	18711	4	96
山东	枣庄	14164	11	269
	临沂	12613	3	75

注：农村居民人均收入水平数据来源于各地级市2017年统计年鉴。

从样本地区农村居民收入水平来看，2017年全国农村居民人
均收入水平为13432元，本书所选取的苏鲁地区6市农村居民人
均收入水平既具有显著差异性又能够有效覆盖不同经济发展水平，
因此样本选取不仅能够有效代表苏鲁地区，而且对全国地区的合
作社内信用合作发展也具有一定示范性。

1.6　可能的创新与不足

1.6.1　可能的创新

本书在以下三个方面存在创新：

---

① 山东省于2015年9月开展"无池化"模式合作社信用合作（互助）试点，并
出台《山东省农民专业合作社信用互助业务试点管理暂行办法》，其中枣庄市是山东
省最早开展"无池化"模式试点的地级市。

（1）本书基于互联性交易框架梳理了合作社内信用合作达成的借款行为与生产合作之间的相互关系，指出了社员与合作社之间存在的生产合作关系，通过声誉机制，促使信用合作借款行为达成的理论逻辑，因此在研究视角上具有创新性。

（2）对于合作社内信用合作达成的出资行为分析，本书在已有研究的基础上，具体测量了社员对信用合作权属的认知程度，并探讨了合作社内信用合作社员权属认知因素，通过影响社员对信用合作风险感知（评价）途径，进而影响其信用合作出资行为的逻辑，因此拓宽了认知理论的应用边界。

（3）对于合作社内信用合作治理有效性的研究，在已有研究基础上，对于外部政府规制和内部治理因素可能会导致合作社内信用合作社会目标和财务目标出现偏差的问题，存在进一步完善空间。本书将依据治理机制理论，从外部制度环境和内部治理机制因素两个层面，进一步分别讨论其对合作社内信用合作社会绩效和财务绩效的影响。

1.6.2　可能的不足

本书在以下两个方面有待改进：

（1）未能对山东样本进行全覆盖。本书以苏鲁地区为例，在实际调研中只涉及了临沂市和枣庄市样本，之所以如此，一方面原因在于枣庄市和临沂市是山东省最早进行合作社内信用合作"无池化"模式试点的地区，合作社内信用合作"无池化"模式试点运行时间长，能够有效反映"无池化"模式试点中存在的问题；另一方面，由于对其他地区样本获取和调研存在难度，且其他地区"无池化"模式试点运行时间较短，运行模式也与临沂和枣庄两市具有相同性。因此，本书仅选取临沂和枣庄两市作为山东地区的样本选取点。

（2）未能全面分析合作社内信用合作治理的影响因素。鉴于调研样本的有限性，本书未能全面分析影响合作社内信用合作治理的合作社层面和外部制度环境因素。实际上，由于合作社母体本身发展的不规范等因素也可能会对合作社内信用合作的治理失效产生重要影响。同时，理论上而言，外部制度环境因素应具有多重维度，对于合作社内信用合作运行结果的影响也应具有多重性。但是限于外部制度环境缺乏多样性和变化性，本书难以进一步分析制度规制的具体手段或行为，对合作社内信用合作的影响。基于此，有待于随着合作社内信用合作的进一步发展进行深入研究。

概念界定与文献综述

2.1 核心概念界定

2.1.1 农民专业合作社

对于合作社概念的界定已有研究主要从法理上和学理上两个层面进行探讨。从法理上来看,《中华人民共和国农民专业合作社法》对其进行了简要的定义,即"农民专业合作社是在农村家庭承包经营基础上,同类农产品的生产经营或者同类农业生产经营服务的提供者、利用者,资源联合、民主管理的互助性经济组织";从学理层面上来看,已有学者认为农民合作社必须符合"民主控制原则、资本报酬有限原则以及按惠顾额分配盈余原则"(徐旭初,2005)。

综合以上学者对农民专业合作社概念及内涵的界定,本书的农民专业合作社更符合法理层面的界定,即经过工商局登记注册,同类农产品的生产经营者或同类农业生产经营服务的提供者、利用者，资源联合、民主管理的互助性经济组织。

2.1.2 信用合作达成

信用合作（credit union）的概念随着信用合作组织的不断发展而演进。在早期，Taylor（1971）认为信用合作是指被成员所拥有，由无偿的志愿者来参与管理的非营利性行为，其目的是保护被高利贷剥削的弱小群体。同时，Taylor（1971）认为信用合作组织也应该符合罗虚戴尔原则（The Rochdale Principle）即①开放的成员关系；②一人一票；③以惠顾额为基础的盈余返还机制；④对于资本有限制的利润分红；⑤政策和宗教中立；⑥现金交易；⑦提升教育。Smith（1981）认为信用合作组织成员既是信用合作资金的供给者也是需求者。同时，信用合作成员依据惠顾额获取盈余分配，信用合作的目标是成员利益最大化。在此基础上，Jones（1986）认为信用合作组织与企业等非合作组织的区别在于：①成员既是消费者也是拥有者；②股权关系固定且不能够被交易；③可以利用延迟的惠顾盈余（deferred patronage refunds）；④被征收单一的收入税；⑤目标是使成员受益。

国内学者也对信用合作的概念进行进一步探讨，如薛桂霞（2013）认为合作社开展信用合作是指经合作社成员（代表）大会决议通过，以产业为纽带、以成员信用为基础，由本社全部或部分社员自愿凑集货币资金，为本社成员发展专业化生产提供互助资金借款业务的互助性业务活动（薛桂霞，2013）；同时，从信用合作类型上来看，可以分为货币信用合作（资金互助）和商业信用合作（农资赊购、有偿调剂购销账款）两种。

综合以上学者对信用合作概念及内涵的探讨，本书认为合作社内信用合作达成是以生产合作为基础，由成员自愿出资，以货币信用或商业信用为载体，满足成员生产性融资需求的过程。

2.1.3 信用合作治理

信用合作治理主要是指信用合作组织实现组织目标的内部决策、监督，激励机制以及外部制度环境安排。

对于信用合作组织治理的研究，秦月乔（2017）在以村级发展互助资金的组织的研究中，从产权制度、内部决策管理制度以及外部政府规制三个维度，讨论了村级互助资金组织的治理制度对组织运营效率的影响。钱卓林（2015）以及张学姣（2014）以农村资金互助社为研究对象，均主要从内部治理中的决策、监督以及激励维度，还有外部治理中的政府规制维度，去探讨农村资金互助社组织治理所导致的使命漂移等问题。詹莹（2015）对于农村资金互助合作组织的研究中，从组织结构、股权设置、借贷机制以及利润分配机制四个维度，探讨农村资金互助合作组织治理结构存在的问题。罗然然（2011）主要从内部治理和外部治理双维度探讨农村信用社改革问题，其中内部治理维度主要包括了产权制度、治理目标以及治理机制因素，而外部治理维度包括资本市场、产品市场以及政府干预等因素。

参考已有研究，结合本书研究对象，本书认为合作社内信用合作治理是指实现信用合作组织目标的内部决策、监督，激励机制以及外部制度环境安排。

2.1.4 信用合作使命漂移

使命漂移（mission drift）概念最早来源于 Woller（1999）的

Where to microfinance？ 一文。Woller（1999）指出使命漂移是指微型金融组织由为穷人服务的社会使命（social mission）向追逐利润使命（profit-seeking mission）的偏离。此后，Schreiner（2002）以及 Cull（2007）等均沿用微型金融组织是否偏离为穷人服务的社会使命，作为使命漂移概念的核心内涵。国内学者对于使命漂移的概念界定与国外研究类似，例如刘志阳等（2018）以及金仁旻等（2016）在以社会企业为研究对象的研究中指出，社会企业的使命漂移是指社会企业为追求商业目标而偏离其社会目标的现象。肖红军等（2018）在以共益企业为研究对象的研究中，也将使命漂移定义为共益企业由社会目标向经济目标的偏离。同时，以小额贷款公司（耿欣等，2015；张龙耀等，2016；翁舟杰，2018）、农村资金互助（陈东平等，2015）以及其他小额信贷组织（张康松等，2017）为研究对象的研究中，均以组织是否偏离其为小农户（或贫困农户）服务的社会责任使命，为界定组织是否发生使命漂移的主要标准。

对于使命漂移的识别和衡量研究，已有研究主要从覆盖深度、覆盖广度两个方面进行衡量。从覆盖深度方面来看，识别使命漂移的主要衡量指标包括平均贷款规模（Cull，2007；Armendáriz，2013），也有部分学者认为利用贷款者平均贷款规模与贷款发生地区当年的人均 GNI 或 GNP 比值作为微型金融组织使命漂移的代理变量更加合理（Cull，2007；徐淑芳，2013）；从覆盖广度方面来看，也有部分学者利用贫困客户占比、妇女客户占比等作为识别使命漂移的指标（Campion，1999；Dowla，2006）。

信用合作使命漂移反映了合作社内信用合作活动是否违背了《农民合作社开展信用合作试点暂行办法》（以下简称"信用合作暂行办法"）所规定的社会性使命目标和原则。从"信用合作暂行办法"的主要核心原则来看，合作社内信用合作以缓解合作社社员在农业生产经营过程中出现的"小额、分散"融资需求为主要政策目标①。同时，"小额、分散"原则也是合作社内信用合作作为一种微型（合作）金融形式履行其社会责任（outreach）的体现（Conning，1999；Hartarska，2007）。

参考已有对使命漂移的研究，结合研究对象，本书认为合作社内信用合作使命漂移含义是指合作社内信用合作对"为服务社员'小额、分散'生产经营融资需求"社会性目标的偏离。

2.2 相关研究文献综述与评述

2.2.1 国外对信用合作组织的研究

（1）国外信用合作组织起源及内涵。信用合作组织起源于19世纪德国出现的"舒尔茨-德里奇"（Schulze-Delitzsch）以及"赖夫艾森"（Raiffeisen）信用社（credit societies）。"舒尔茨-德里奇"信用社由德国人Hermanan于1850年创办，是第一家城市信用合作社，而"赖夫艾森"信用社是第一家农村信用合作社，由Raiffeisen于1864年创办。早期的信用合作主要集中在帮助处于困境的社区居民，且是一种有偿还的贷款（Isbister，1994）。由于信用合作社相对于商业银行，拥有对地方经济条件等信息明显的信息优势，因此信用合作社能够更有效、低成本地筛

---

① 例如农业部《农民合作社开展信用合作试点暂行办法》中指出，"信用合作资金仅为本社员发展农业生产经营活动提供小额资金支持"，山东省《农民专业合作社信用互助业务试点管理暂行办法》也明确要求信用合作满足"小额、分散"等原则。

选、识别存在违约动机的借款者（Guinnane，1992）。

同时，信用合作组织的不断发展和完善也得益于加拿大议会记者 Desjardins 在 1900 年将信用合作的理念由欧洲传播到加拿大，并在魁北克省建立了第一家人民银行。在此基础上，美国人 Jay 在 1934 年起草了第一部信用合作通用条例，而 Filene 和 Bergengren 等促使了信用合作社立法以及通过成立信用合作国际联盟（The Credit Union National Association，CUNA）组织的形式推动信用合作组织快速发展。

（2）国外信用合作理论的研究。对于信用合作理论的研究，可以分为信用合作治理理论研究和信用合作竞争优势理论研究。

从信用合作竞争优势理论来看，Black（1981）认为信用合作组织成员之间的共同关系（common bond）降低了借款者信息收集的成本，减少了坏账违约损失。在此基础上，Stiglitz（1990）利用共跻监督理论分析了以格莱珉为代表的信用合作组织，相对于银行所能够发挥信贷供给的理论优势。研究显示，通过共跻监督途径，信用合作组织能够有效降低借款者的道德风险，提升社员福利。Mushinski（1999）认为信用合作组织所拥有的信息和监督优势，是信用合作组织能够缓解农户被正规金融机构排斥的重要基础。Banerjee 等（1994）认为同伴监督（neighbor's keeper）是信用合作组织能够有效存在的基础，同时他还指出同伴监督能够有效实施的前提在于社会惩罚（social punishment）和社员放弃信用投资的机会主义成本。

从信用合作治理理论来看，Taylor（1971）利用成本收益理论比较分析了信用合作社面对市场和单个社员面对市场的福利得失。研究指出，合作社作为一个成员的自助（self-help）组织是提升社员福利的有效力量。同时，随着信用合作组织规模的扩大，将会导致社员自利（self-interest）行为的增长。Smith（1981）在Flannery（1974）和 Taylor（1971）研究的基础上，将信用合作组织目标分为利润最大化目标、借款者控制目标、存款者控制目标以及中性目标。研究表明，在政府的利率规制下更易导致信用合作组织向贷款者控制目标演进。Walker（1977）首先分析了信用合作组织中，存款的分红利率和贷款的利率将会导致存款者社员和贷款者社员的利益分配的不均衡。同时，在政府的存款利率上限和贷款利率上限的规制下，信用合作组织很难实现均衡的利益分配。Rubin（2013）在已有对信用合作组织静态治理分析的基础上，进一步分析了权益留存以及跨期存款和贷款利率政策对信用合作组织最优控制的影响。

（3）国外信用合作组织的演进及划分。随着信用合作国际联盟的成立，信用合作组织在全世界范围多样化发展。同时，有学者依据生命周期理论，将信用合作组织类型划分为初期（Nascent）、过渡期（Transition）以及成熟期（Mature）三个阶段（McKillop，2000）。具体分类如表2-1所示。

表2-1　国外信用合作组织类型划分

信用合作阶段	初期	过渡期	成熟期
资产规模	较小	一般	较大
监管强度	一般	较强	很强
成员关系	强	一般	松散
管理者类型	志愿者管理	部分志愿者管理	职业化管理
产品及服务类型	存贷款业务	多样化产品	多样化产品组合、采取电子技术及存款保险制度

注：划分标准参考 Ferguson 和 McKillop（1997，2000）

同时，Flannery（1974）以及 Smith（1986）等依据信用合作组织的利益倾向，将信用合作组织类型划分为借款者倾向（borrower oriented）、中立（neutral）以及存款者倾向（saver oriented）三种类型。其中，借款者倾向的信用合作组织更倾向于执行较低的借款利率和较低的存款利率，而存款者倾向的信用合作多要求更高的贷款利率和存款利率。在此基础上，诸多学者通过信用合作组织利益倾向视角对信用合作组织进行界定和识别，如表2-2所示。

表 2-2　国外信用合作组织利益倾向研究

作者	年份	研究结论
Flannery	1974	美国 589 个信用合作组织中，有 25% 为借款者倾向型，40% 为存款者倾向型，只有 35% 属于中立型
Smith	1986	美国 951 个信用合作组织中，10% 为借款者倾向型，22% 为存款者倾向型，68% 属于中立型
Patin 和 McNeil（a）	1991	美国 1985 个信用合作组织中，80% 信用合作组织为中立型，20% 属于借款者倾向型和存款者倾向型
Patin 和 McNeil（b）	1991	利用成员收益指数测算显示，存款者倾向型成员获得收益要超过借款者倾向型和中立型
Leggett 和 Stewart	1999	在总体上，单一和多元的成员关系下，信用合作组织是存款者倾向型，且单一的成员关系比多元的成员关系有更强的储蓄动机
McKillop 和 Ferguson	2015	在英国的信用合作组织中，借款者倾向是明显的

注：此表格为在 McKillop（2012）综述基础上，做进一步补充。

最后，也有部分学者依据信用合作组织成员关系类型，将信用合作组织分为社区型（community）信用合作组织、单一成员关系型（single-bond）信用合作组织以及多重成员关系型（multiple-bond）

信用合作组织（Frame，2002）。

（4）国外信用合作组织效率及影响因素。对于国外信用合作组织效率的研究，已有文献主要从规模与效率、技术进步、合并与收购等视角进行分析。具体来看：

从信用合作组织规模与效率上来看，早期的研究主要使用生产成本函数以及财务比率等指标来分析信用合作组织是否存在规模经济。随着信用组织的多样化发展，对于适度规模的研究，学者们的研究方法也逐步转为参数型和非参数型的前沿效率方法。同时，基于不同国家、不同技术以及不同研究方法和规制环境等因素，对于适度规模的研究结论也具有差异性。具体结论如表 2-3 所示。

表 2-3 国外信用合作组织规模与效率研究

作者	国家	方法	结论
Croteau（1956）	美国	财务比率	规模经济递增
Taylor（1977）		柯布—道格拉斯生产函数	规模经济递增
Fried（1993）		广义 DEA	大学附属型信用合作组织效率更高
Frame（2001）		SFA	相对于地区信用合作组织，中央信用合作组织效率更高
Wheelock（2009）		距离函数	小规模信用合作组织成本效率下降更明显
Wheelock（2013）		非参数局部线性估计	放松规制有利于实现规模经济和范围经济
Crapp（1983）Brown（1999）	澳大利亚	柯布—道格拉斯生产函数	规模经济递减
Esho（2000）		超越对数函数	规模经济递增
Esho（2001）		DEA	成本效率与平均贷款额度、资本规模正相关

续表

作者	国家	方法	结论
Worthington（1998）	澳大利亚	SFA	分支网络越多、资本越大，效率越高
Murray（1983）Kim（1986）	加拿大	超越对数函数	规模经济递增
McKillop（1995）	英国	配对差异比率分析	规模经济递增
McKillop（2002）	英国	DEA	超过50%的信用合作组织规模效率程度不高
McAlevey（2003）	新西兰	配对差异比率分析	规模经济达到一定上限，将转变为规模经济递减
Glass（2010）	爱尔兰	两阶段法	93%的信用合作组织效率低下

从信用合作技术进步上来看，信用合作组织技术采用已由劳动力密集流程（labor-intensive procedures）向自动化过程转变（automated processes）。对此 Frame（2009）认为技术的改变将会从服务供给、设计以及信息传递等多方面来影响信用合作组织运行效果，具体来看，一方面技术进步降低了信用合作组织在信息管理、储存等方面的管理成本；另一方面技术进步改变了成员获取服务的方式；同时，技术进步通过降低成本等形式增加了信用合作组织的盈利能力。同时，Dandapani（2008）以及 Damar（2010）指出，虽然技术进步有利于信用合作组织提升绩效，但是技术进步却受到组织规模、成员对信息技术的使用历史以及产品服务类型等因素影响。

合并与收购是国外信用合作组织发展到一定阶段的产物，但是经验研究认为合并与收购并不一定导致信用合作组织运行效率的提升（Berger，1999）。同时，也有学者指出合并所带来的市场力量增强的协同效应（synergy derives）是信用合作组织发起合并的重要动机之一（DeYoung，2009）。Fried（1999）利用美国1988~1995年的48000家信用合作组织为样本，对1989~1994年1600家信用合作组织合并所带来的效应进行DEA分析，研究指出被合并的信用合作组织社员福利并没有得到下降，同时部分经营不善的信用合作组织社员因为合并而得到提升。Goddard（2009）认为信用合作组织资产规模越小、盈利能力越弱、流动性越强越有可能成为被收购或合并的对象。Bauer（2009）评估了被收购信用合作组织和收购信用合作组织的成员或所有者在收购发生前后的收益变化，研究认为两个组织在合并前均是健康的、相同的服务提供形式等因素是实现互利共赢的前提。

最后，Garden（1999）以及Worthington（2004）从目标偏移视角指出，随着美国、加拿大等地区的信用合作组织进入成熟化阶段，对于信用合作组织规制的放松以及新参与者（如保险、担保抵押公司）导致市场竞争程度的增加都会导致信用合作组织目标向商业化倾向偏移。

（5）国外信用合作组织风险及规制。对于信用合作风险的研究，现有文献主要从宏观经济环境以及微观经济因素两个方面来思考。

从微观层面来看，Gordon（1987）认为资本规模过小、缺乏受培训的管理者、贷款业务不足和需求集中等因素会导致信用合作组织运营失败风险的上升。Frame（2002）分析了信用合作组织成员关系类型以及成员资格扩张对其运营风险的影响，研究显示，单一的成员关系类型会导致信用合作组织的集中风险，这种风险可以通过提高资本比例来抑制。同时，同一种成员关系中，成员数量越多，会提高信用合作组织的违约率。总的来说，成员类型的多样化有利于扩大投资机会，降低集中风险。在此基础上，

Pille 等（2002）基于 DEA 模型开发了评估加拿大安大略省的信用合作组织风险评估方向，并指出相对于修正的 Z 分数模型，资本资产比例指标更能真实反映信用合作组织的运营风险。Esho（2005）利用收益变化系数、资产收益率标准偏差、资产收益率变化系数、Z 指数等指标作为信用合作组织风险代理变量，分析了多样化以及费用收入对信用合作组织风险的影响。研究认为，信用合作组织收入的多样化降低其运营风险，但是也会降低信用合作组织的收益率。同时，信用合作组织规模的增加也有利于运营风险的降低和收益率的增加。Goth（2006）利用 DEA 模型分析了英国信用合作组织的可持续运营能力，研究认为虽然英国信用合作组织存在一定弱点，但是超过50%的信用合作组织有长期运营的能力。Ely（2014）探讨了信用合作组织规制结构变化下，成员关系类型对信用合作组织风险的影响。作者使用 Z 分数指数（Z-SCORE）、资产收益率标准差（SD-ROA）以及监管资本比率（REG-Z）作为风险的代理变量，分析资产规模以及成员关系类型对信用合作组织运营风险的影响。研究认为，信用合作组织运营风险随资产规模的上升而下降，但是多元化的成员关系却会导致运营风险的上升。从宏观层面上来看，Wilcox（2005）认为经济整体环境中的失业率以及前一年的实际利率会提高美国信用合作组织保险基金的损失率，进而导致信用合作组织运营风险的上升。

信用合作组织作为一种社会型经济组织，其在成员关系、税收以及资本、存款保险等方面受到政府部门的规制（Goddard，2016）。同时，诸多学者也对此进行了探讨。具体来看：

对于成员关系应该限定在什么范围，现有研究未能给出明确答案。有学者认为成员之间拥有共同纽带（common bond）既是信用合作组织的重要特征之一，也是其具有信息优势的基础，但是过度要求成员之间拥有紧密的关系也会限制信用合作组织发展（Amburgey，1993）。Leggett（2002）认为成员关系的扩张将会导致信用合作运营中委托代理问题的产生。Frame（2002）从制度风险层面检验了成员关系扩张所带来的效应，研究显示单一的成员关系导致集中风险，但是过于松散的成员关系也会抑制信用合作组织的信息优势，导致分红贷款（loan-to-share）比例的上升以及资本充足率的下降。Goddard（2008）依据美国1991～2001年信用合作组织统计数据，利用嵌套方差分析法研究认为组织成员关系的松散程度只占信用合作组织绩效下降的小部分因素。同时，随着信用合作逐步发展到成熟阶段，成员关系限制出现了明显的过度放松。

　　对于信用合作组织资本控制研究，已有文献均认为充足的资本金基础是信用合作组织安全运行的重要前提（Berger，1995）。Jackson（2007）评估了美国信用合作组织1990～2006年资本充足率的变化，研究表明在2006年末美国信用合作组织的资本充足率为11.6%，高于法律规定以及1990年信用合作组织的资本充足率4个百分点。Davis（2009）利用澳大利亚的47家信用合作组织为样本，指出资产充足率的增加与信用合作组织设定的资本回报率息息相关。Goddard（2010）研究了决定美国信用合作组织在1994～2009年之间资本资产比率的影响因素，研究认为政府规制以及经济运行环境因素会导致信用合作组织资本资产比率变化。

　　对于信用合作组织税收规制问题，Taylor（1971）构建了一个理论模型论证信用合作组织的税收豁免将会通过增加社员消费剩余、减少生产者剩余等形式来提升社员福利。Cook（1984）认为对信用合作组织收入征税将会导致信用合作组织提高股息率以及降低贷款利率等形式来减少税收成本。Donald（1986）认为对信用合作组织征税将会加重处于发展初期的信用合作组织运行负担，不利于信用合作组织快速发展。与此同时，Donald（1986）也认为信用合作组织应该在被解除税收豁免权之前，提高资本充足率。Emmons 等（1999）从与商业银行对比的视角，认为信用合作组织应该拥有税收豁免权的理由在于，商业银行拥有从股票市场收集资本的权利，而信用合作组织没有。

对于信用合作存款保险制度研究，传统结论认为存款保险制度是防止社储户挤兑风险发生的有限措施，但是由于储户、管理者以及产权所有者之间收益和损失的不对称，存款保险制度也会导致金融机构管理者道德风险的产生（Hellman，2000）。对此，Black（1981）通过对美国信用合作组织的经验研究证明，存款保险制度的实施会增加信用合作组织的运行风险。与此相对应地，Karels（1999）控制资本充足率等因素后，发现采用存款保险制度将会减少风险。Rauterkus（2010）利用2004~2008年美国信用合作组织数据分析发现，不同社员对信用合作组织采取存款保险制度的反映举动具有差异性。同时，Rauterkus（2010）还发现在经济不确定时期，在存款保险制度下，相对于商业银行，信用合作组织更容易受到青睐。

对于信用合作组织利率规制研究，Smith（1981）通过构建社员利益最大化模型指出，对于信用合作组织贷款利率上限的限制，将会导致信用合作组织类型偏向于借款者倾向型。同时，由于逆向选择问题的存在，贷款利率上限规制会导致信用合作组织服务范围受限。Kohers（1988）通过对比分析美国各州进行利率规制的信用合作组织和联邦进行利率规制的信用合作组织，研究认为受到更严格利率规制的州立信用合作组织与联邦进行利率规制的信用合作组织运行绩效没有表现出太大差异。Tokle（2015）研究了 2008 年国际金融危机之后，美国信用合作组织在利率规制下依然可以实现规模经济，且净资产比率较高的信用合作组织贷款利率高于一般水平。

最后，也有学者研究了美国政府限制信用合作组织参与购买债券政策对其盈利能力的影响，研究显示虽然债券购买规制降低了信用合作组织的系统性风险，但是也导致了信用合作组织资产回报率的降低（Goenner，2016）。

2.2.2　国内对信用合作组织的研究

（1）国内信用合作内涵及类型研究。对信用合作内涵的研究，国内学者吴晓灵（1997）从合作制与股份制的四个差异上对信用合作的内涵进行了界定：一是控股方式的不同，合作制从下至上控股，上一级机构由下一级机构入股构成，被下级机构所拥有；二是分配方式的不同，合作制机构税后利润在分配中要强制流出公共积累部分；三是管理方式不同，合作制的最高权力机构是社员代表大会，表决时实行"一人一票"制，体现的是人的平等；四是经营目标的不同，合作制的宗旨是以入股社员服务为主，追求社员利益最大化。曾康霖（2001）认为信用合作应该符合以下6 个标准：①自愿入社；②民主管理；③限制股金，坚持互助；④不以营利为目的，如有盈利向社员分配；⑤对社员进行合作教育；⑥在合作社之间进行协作。同时，曾康霖（2001）还指出信用合作的关键内涵在于人与人之间的金融互助，而且互助的人是自愿入社的社员，其核心是人的合作。谢平（2001）认为信用合作（合作金融）必须坚持四个基本特性：一是自愿性；二是互助共济性；三是民主管理性；四是非营利性。张照新（2017）认为信用合作（合作金融）具有以下共同特点：一是民主性，在管理上实现一人一票的管理方式；二是非营利性，不以营利为主要目的；三是互助性，即主要是为成员提供服务。

（2）国内信用合作理论的研究。国内对信用合作组织理论的研究主要以借鉴国外信用合作理论为主，同时部分学者针对国内信用合作组织发展的实际情况，进行了理论解读。

从信用合作竞争优势理论来看，陆磊（2006）基于合作金融组织所具有的4个基本特性：自愿性、互助共济性、民主管理性以及非营利性，构建了合作金融目标函数，分析论证了合作金融能够实现农户信贷市场局部均衡的理论逻辑。同时，针对农村信用合作社出现的外部人控制问题，分析了市场结构和信贷结构扭曲的原因。何广文（2008）基于社会规范理论对农村资金互助社存在的前提逻辑，进行了理论分析。研究显示，社会规范的存在使以农村资金互助社为代表的信用合作组织相对于正规金融机构，具有信息优势和成本优势，因此农村资金互助社能够更有效地实现信用合作。最后，也有部分学者指出农民资金互助组织拥有的"共跻监督"优势，是其能够缓解农户信贷配给的关键（董晓林，2016）。张德元（2016）认为农民专业合作社内部资金互助的优势关键在于其社会资本优势，即信息对称、信任及声誉机制保障了资金互助的稳定性。

从信用合作治理理论来看，陈东平等（2012）基于要素稀缺理论，采用合作博弈分析了农村资金互助社治理机制异化的重要原因。刘西川等（2014）利用委托代理理论指出成员主导型金融组织存在净借款者主导、管理者控制等突出治理问题。

（3）国内信用合作组织的演进及划分。虽然我国信用合作组织的产生已经接近一个世纪，但是信用合作组织的发展却一直命运多舛。周振等（2012）从时间角度，对中华人民共和国成立以后的信用合作组织演变划分了三个阶段：一是农村信用合作社阶段。从1949~1958年的试办、推广，到1996~2003年的规范改革，农村信用社逐步由信用合作组织转变为商业性的地区银行。二是农村合作基金会阶段。从1983~1986年的萌发，到1998~1999年的清理整顿，农村合作经济会由于产权不明晰、政府过度干预使其并未能发展成为有效的信用合作组织。三是民间资金互助组织的不断演变。20世纪初至20世纪中叶，民间资金互助组织主要以合会为主（罗斌，2013）。

自2006年中央一号文件明确指出"引导农户发展资金互助组织"以来，信用合作组织又进入了新一轮的发展。有学者（汪小亚，2014）从发起主体的角度来划分（见表2-4），我国当前的信用合作组织主要包括：第一类由银监会和地方政府批准设立的农村（民）资金互助社，第二类由扶贫办和财政部门联合发起的贫困村互助资金试点，第三类由农业部门推动并依托合作社而建立的农民资金互助合作社，第四类由农民自发形成的农民资金互助社。

表2-4　国内信用合作组织类型划分

名称	农村资金互助社	贫困村资金互助试点	农民专业合作社内信用合作	农民自发信用合作组织	农民资金互助社
管理主体	银监会	扶贫办和财政部	农业部	无	地方政府
是否正规	是	否	否	否	否
组织边界	地域性	地域性	产业性	产业性	地域性

续表

名称	农村资金 互助社	贫困村资金 互助试点	农民专业合作 社内信用合作	农民自发 信用合作组织	农民资金 互助社
信用类型	货币	货币	货币和商品	以商品为主	货币

同时，也有部分学者基于社员利益倾向的视角，对全国71家农村资金互助社进行了实证分析，研究显示中国农村资金互助社呈现出强烈的净存款者利益倾向，而政府的存款利率规制是导致上述问题的重要原因（董晓林，2012）。

（4）国内信用合作治理及效果。对信用合作组织规模经济的研究，齐良书等（2009）利用社员利益最大化模型的分析指出，政府应该放开对互助社存款利率的限制，并保证外部融资渠道的畅通。林乐芬（2013）依据江苏省28家农民资金互助合作社的数据，使用 DEA 的方法，对农民资金互助合作社的运行绩效进行了测算。研究显示3000万~5000万元之间是农民资金互助组织的最优运行效率。赵锦春等（2017）使用数据包络分析法，对2010~2015年23个农民资金互助社的运行效率进行测算，研究显示江苏省农民运行效率良好，但是效率逐年递减，其中纯技术效率较低是造成效率下降的主要原因。商文莉等（2015）以31家农民资金互助社为样本，利用 DEA 方法对农村资金互助组织的效率进行评估，研究显示农村资金互助组织的整体运行效率随资金规模的增加而增加，金融许可证对互助组织的运行效率有正向促进作用，而无依托组织的农村资金互助组织运行效率更高。贾晋等（2017）使用固定效应模型，测算了四川省8家试点农村资金互助社的最优规模。研究显示独立社和内部社的互助金规模在1500万~2800万元之间是相对合理的范围，它能够有效避免互助金规模扩大与社员内部"软约束监督"导致风险的两难困境。

从农户视角的福利评价研究，周振（2011）使用 DID 模型对苏北 L 村 79 户农民在参与农民资金互助前后的信贷可获性和收入比较发现，参与资金互助社对农民的福利水平有显著的正向影响。杨龙等（2015）在 5 省 10 县的准实验研究的基础上，利用农户两期面板数据，通过双差分模型和倾向得分倍差法，实证分析指出，互助资金显著增加了贫困户的收入。董晓林等（2016）基于共跻监督视角，分析了合作金融对缓解农户正规信贷配给的作用机制。同时在此基础上，利用江苏省 825 户农户样本指出，农民资金互助社能够降低对农村商业银行对农户信贷的数量配给和交易成本配给。

（5）国内信用合作组织风险及规制。对于信用合作风险的研究，王曙光（2014）认为合作社信用合作的发展存在以下风险：一是部分合作社吸收社会资本，逐利动机强烈；二是合作社内信用合作治理结构不够规范；三是部分合作社以信用合作为唯一业务；四是风险防范机制和内部流程不完善；五是农户对金融业务不熟悉，导致操作风险；六是信用合作管理者的道德风险；七是地方政府的过度介入行为。赵锦春（2015）依据 2010～2012 年江苏省 134 家农民资金互助合作社的数据，利用面板门限回归模型对资金互助规模与农民资金互助合作社之间的稳健性关系进行了探讨。研究显示股权结构低于门限值时，互助金规模上升有利于资金互助社的稳健运行，股权结构超过门限值时，互助金规模的上升会增加其运行风险。同时，赵锦春（2017）利用新古典金融中介模型，分析了股金结构、互联合同以及相互担保对农民资金合作社运行风险的影响，研究显示限制发起人股金比重，是控制农民资金合作社运行风险的关键因素。

对信用合作异化的研究，毋俊芝（2008）认为我国农村合作金融制度异化存在行政化、强烈的形式主义、与农村经济制度变迁的路径相悖以及农村金融制度变迁的渐进性等特点。从原因上来看，政策性设计的缺陷、制度变迁的政府强制制动以及农村经济发展需求的推动作用是导致其制度异化的重要因素。陆磊（2006）认为信贷可得性原则下的农户信贷需求满足导致农户信贷市场的局部均衡，股金与存款相异原则下的信贷有效需求持续上升以及社员主权原则下的"大锅饭"激励是经典合作金融组织具有的制度特征，而合作金融组织治理结构上的内部人控制与外部人干预导致了信贷结构上的资金非农化、市场结构上的垄断性。

对于信用合作组织规制的研究，蓝虹（2017）认为地方政府应作为新型农村合作金融监管主体，对其实施非审慎监管，着力为其发展创造良好的环境，促进其增强自主管理、自我发展能力，以推动其稳健发展，更好实现合作金融目标。在监管措施上，地方政府应该明确市场准入、促进制度建设、构建金融风险处置机制等。

2.2.3　合作社内信用合作的研究

对于以农民专业合作社内信用合作为对象的研究，现有研究主要从合作社内信用合作内涵、治理机制与现实困难、供给及参与意愿、风险产生及防控等层面进行探讨。

（1）合作社内信用合作内涵及理论优势研究。对于合作社内信用合作内涵及类型的研究，薛桂霞（2013）认为农民专业合作社内开展信用合作是专业合作的一种形式，是指经农民专业合作社成员（代表）大会决议通过，以产业为纽带，以成员信用为基础，由本社员全部或部分成员自愿出资筹集互助资金借款业务的互助活动。同时，关于合作社内信用合作类型，已有研究认为主要包括以资金互助为主要内容的货币信用合作（陈东平，2012；薛桂霞，2013）和以农产品赊销、农产品供应链融资为主要内容的商品信用（苑鹏，2013；马九杰，2011）。

对于合作社内信用合作理论优势的研究，王曙光（2008）提出全要素生产合作的概念，认为全要素合作是使农民专业合作社成为真正具有市场竞争力特殊企业的有效选择，而全要素合作尤其强调合作社在可能的条件下进行信用合作，从而破解"三农"融资难题（潘军昌等，2008），缓解合作社及其成员的信贷约束（楼栋，2011；张龙耀等，2012）。更进一步地，有学者基于制度视角认为合作社内部开展信用合作是破解融资难问题的一种有益探索（徐旭初，2011；夏英，2010）。同时，与农村资金互助社相比，合作社内信用合作具有离信贷需求更近、能克服信息不对称，以及更具灵活性和使用性等优势（楼栋，2011；薛桂霞，2013）。

（2）合作社内信用合作治理机制及现实困难。对于合作社内信用合作治理机制研究，张德元等（2016）认为社会资本是农民合作社内资金互助（信用合作）的重要运行基础。赵晓峰（2017）指出产权制度、治理结构以及管理机制因素是合作社信用合作良好运行的关键。陈东平等（2017）在股份制合作社中，将生产合作与信用合作互联，能够提高合作社内信用合作治理有效性。张雷等（2018）在已有基础上指出，生产合作声誉能够降低社员合作社内信用合作道德风险，进而提升合作社内信用合作治理有效性。刘西川等（2018）认为以信用合作为代表的合作金融组织，采取分权模式能够降低合作社内信用合作运行风险。赵晓峰（2018）通过构建"自主性+合法性"分析框架，指出合作社与地方政府之间的相关博弈是导致合作社内信用合作生产及边界再生产的重要原因。孙同全等（2018）认为地方政府部门过度监管或不监管是导致农民资金互助组织出现良性发展困难的重要因素。王俊凤等（2017）基于租值耗散理论，分析了农民专业合作社内资金互助的运行机理，研究认为完善治理结构有利于资金互助的良性运行。

对于合作社内信用合作现实困难研究，应瑞瑶等（2014）认为中国合作社内信用合作比例较低。在江苏省有合作经营活动的样本合作社中，"以合作社名义帮社员去银行借钱和成员直接从合作社内部借钱"的只有样本合作社的26.47%。李润平等（2014）指出合作社内信用合作受多因素影响，如自有资金丰厚、社长为企业负责人、拥有企业、外部销售渠道稳定的合作社，信用合作可能性高等。高俊等（2016）认为以农民信用合作组织为代表的小微金融存在"合法化悖论"和"内部化悖论"。

（3）合作社内信用合作供给及参与意愿研究。毛飞（2014）通过9省25县115家合作社的实证研究指出，合作社服务功能的增强，内部一体化程度的提高以及资产实力的增长等因素，有利于合作社提供融资供给。楼栋（2013）通过对浙江、山东部分合作社的调查指出，55.3%的社员愿意参与合作社内部资金互助，而经营规模、资金缺口以及资金互助认知度等因素将会显著影响社员参与意愿。杨立社等（2018）基于陕西省300份农户调研问卷的实证研究指出，农户对信用合作基本知识以及对相关政策的认知程度与其参与合作社内信用合作意愿呈显著正相关关系。

（4）合作社内信用合作风险及防控。姜斐然等（2011）通过比较案例研究显示，基于同一产业的合作社，发展受自然风险和市场风险的双重制约，产业一旦受阻，将影响与产业紧密相关的信用合作。相比于合作社内信用合作稳定性更差的养殖业，种植类合作社的信用合作较易稳步发展，并形成多种形态（陈东平，2015）。王璐等（2017）利用 AHP 层次分析法指出业务资格以及资金管理等因素对合作社内信用合作风险的产生具有重要影响。杨皖宁（2018）认为当前农民专业合作社内信用合作存在监管主体不明、缺乏法律认可等问题，对此需要通过加快立法、明确监管主体以及创新监管手段等形式解决上述问题。

最后，也有部分学者从制度和法律层面指出，应该明确合作社内信用合作法律地位和建立健全制度基础，从而有利于合作社内信用合作发展的正当性，避免假信用合作造成金融风险（刘杨，2014；张连刚等，2016；季丽新，2015）。

2.2.4 相关研究文献综述与评述

（1）对信用合作理论研究评述。从信用合作理论研究来看，已有研究主要从共跻监督理论和社会规范（资本）理论来进行思考。如 Stiglitz（1990）认为共跻监督降低了借款者的机会主义行为。同时，信用合作组织通过将信贷风险转移给同伴担保者，来实现对借款者的有效监督。在 Stiglitz（1990）研究的基础上，Banerjee 等（1994）提出了"同伴监督"的概念，同时指出同伴监督能够有效发挥作用的基础在于社会惩罚和社员放弃信用投资的机会主义成本。国内学者何广文（2008）、张德元（2016）以及李明贤（2018）等在以上两位学者理论研究的基础上，结合中国信用合作实际环境，强调了社会规范和社会资本对抑制农户信用合作机会主义行为的信息优势。

已有研究为本书研究打下了坚实的理论基础，但是结合本书的研究对象来看，对信用合作理论的研究还存在进一步探讨的空间。具体来看，合作社作为一种与社员之间具有业缘关系的合作组织，其不仅具有相对于正规金融机构的社会规范优势，而且具有业缘上的抵押和监督优势。因此，合作社与社员之间在生产合作上产生的声誉效应是否能够促进信用合作达成？如能，其生产合作特征声誉效应能够促进达成的前提条件是什么？以上问题，现有的合作金融理论研究未能做具体探讨。对此，本书试图从互联性交易视角，依据声誉理论分析生产合作特征对社员信用合作可能存在的机会主义行为的影响，进一步分析实现信用合作达成的理论路径。

（2）对合作社内信用合作研究评述。从合作社内信用合作行为研究来看，已有研究主要是从信用合作的内涵及类型（楼栋，2011；薛桂霞，2013）、合作社开展信用合作的重要意义（徐旭初，2011）、信用合作供给及农户参与意愿（楼栋，2013）以及合作社内信用合作开展的现实困难及影响因素（应瑞瑶，2014；李润平等，2014）开展的。

已有研究对于本书认识合作社内信用合作起到了重要作用，但是已有研究仍存在以下可完善之处：首先，已有研究强调了合作社内信用合作的重要意义，却没有具体分析合作社内信用合作发挥优势的理论逻辑；其次，虽然部分研究指出了合作社与社员之间的社会资本对于合作社信用合作治理起到了积极作用（张德元，2016），但是未考虑合作社与社员之间的生产合作特征对信用合作达成的作用；最后，对当前开展的"山东模式"试点（周孟亮，2016；聂左玲，2017），已有研究只是进行了模式归纳和比较分析，还缺乏从社员层面的具体实证分析。对于合作社内信用合作的江苏试点，更是鲜有文献进行探讨。

对此，本书将在已有研究的基础上，首先分析社员作为存款者的出资行为逻辑；其次，进一步分析合作社与社员之间的生产合作特征，通过互联性机制对信用合作借款行为达成的影响逻辑，并进行实证检验；再次，基于治理机制理论，从外部制度环境特征和内部治理机制特征两个层面，分析影响合作社内信用合作治理有效性的关键因素，并进一步探讨少数合作社内信用合作出现使命漂移等治理失效现象的原因；最后，在以上研究的基础上，提出合作社内信用合作平稳可持续发展的对策建议。

3 理论基础与分析框架

3.1 理论基础

3.1.1 互联性交易理论

互联性交易（interlinked contract）是指将不同市场分开的交易条款和条件联结起来，形成相互关联的契约（合同）（Bell，1989）。这种互联性交易在农业经济中广泛存在，即两个交易主体（如地主、农民、产品贸易商或职业放贷者之间）将几项交易或合同（如租佃、租赁、劳动力、农产品贸易）"捆绑"在一起进行缔约（王永钦，2006）。互联性交易主要包含以下特征：①互为条件性（transaction contingent on each other），即一项交易的达成与另一项交易的达成互为条件；②封闭性（interlock），即互联性交易加强了合约双方的交易联系，双方由互联性交易形成的"优惠"或"折扣"对外界贸易者形成交易门槛或壁垒；③同时性（simultaneity），把原先不同时间、不同条件下进行的交易放在一个总的契约里。

以向放贷人出售农产品的互联性交易为例，资金供给者 A 愿意将钱借给资金需求者 B 的前提是其放贷给 B 的收益率 i^* 要不低于他从其他资金用途上可获得的收益率 i，而 B 愿意与 A 达成信贷契约的前提条件是信贷契约所带来的生产收益 w^* 要不低于其从事其他非生产工作的机会成本 w。由此我们得出契约达成的两个约束条件是：

$$i^* > i \qquad\qquad (3-1)$$

$$w^* > w \qquad\qquad (3-2)$$

德布拉吉·瑞（2002）将产出价值描绘为农产品产量 Q 乘以市场价格 p。将产出价值 s 和贷款额度 l 分别定义为纵轴和横轴，在 B 的生产函数边际产出递减的情况下，互联性交易和纯信贷契约的最大化剩余如图 3-1 所示①。

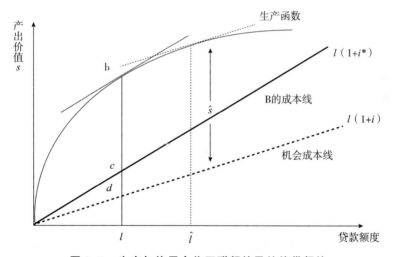

图 3-1　生产与信用合作互联契约及纯信贷契约

① 本图基于德布拉吉·瑞《发展经济学》（北京大学出版社，2002）一书中图 14-7 改进而来。

由图 3-1 可以看出，在纯信贷契约中，B 在机会成本利率为 i 条件下，所能达到联合利润为 $\hat{s}$，在此情况下所能达到的贷款规模为 $\hat{l}$。然而实际情况中资金供给者所要求的信贷利率往往会高于市场利率，从而使 B 的生产成本函数变为 $l(1+i^*)$，对应的贷款规模为 l，联合剩余为 bd。显然，bd 小于 $\hat{s}$。这证明纯信贷契约并不能达到最佳效率。

在互联性交易中，A 可以构建一个较低的农产品买入价 $\hat{p}$ 和较低的贷款利率 $\hat{i}$，并保持价格和边际成本之比相对于 $\dfrac{p}{1+i}$ 不变时，来使 B 获得最优规模 $\hat{l}$ 的贷款，并得到 w_0 的收益，而 A 获取更大的收益 $\hat{s}-w_0$。

3.1.2 声誉理论

声誉的形成是交易双方在长期交易中相互作用的结果。声誉的建立是一个长期动态重复博弈的过程（Kreps，1982）。国内学者李延喜（2010）认为声誉是随着历史的累计而产生的，是反映主体信息质量的一种信号，该信号随着声誉机制而在公众中传播。声誉具有信息传递效应和资本效应。

声誉具有信息传递效应。Akerlof（1970）在研究柠檬市场问题时，指出声誉具有信号传递的功能，是解决交易双方信息不对称的重要工具。同时，Kreps 等（1982）在研究无限重复囚徒困境博弈中指出，博弈双方往往会依据通过观察参与博弈者的历史行为来决定博弈策略，因此博弈者的历史行为所形成的声誉将会影响博弈的结果。Milgrom（1990）在研究香槟酒交易会时指出，交易者的声誉信息帮助识别可信的交易伙伴，从而降低交易成本和交易风险。Kennes（2002）等在分析厂商虚假广告等行为时，也指出声誉作为一种信号传递机制将会导致厂商的长期利益损失。在此基础上，Cole 等（1996）指出声誉是在社会网络中建立的，因此具有溢出效应，即声誉的效果将会超出交易范围之外，对交易者产生影响。

声誉具有资本效应。Tadelis（1999）以及 Jackson（2004）在研究中认为，声誉是一种交易主体长期交易行为所积累的无形资本，能够帮助声誉主体获得"声誉租金"。同时，声誉资本的形成也存在沉没成本，沉没成本越高，声誉资本丧失的机会主义成本也就越高，对声誉主体所造成的损失也就越大。

3.1.3　信息不对称理论

信息不对称理论是指由于在市场交易行为中，交易双方所具有的信息是不同的，导致拥有信息优势的一方往往能够采取自利行为，导致拥有信息劣势一方利益受损，进而产生市场无效率损失。

从信息不对称的发生时间上来看，信息的不对称性可以划分为事前（ex ante）非对称和事后（ex post）非对称。事前的信息非对称一般会导致拥有信息优势的一方采取隐藏信息的逆向选择行为。事后的信息非对称会导致拥有信息优势的一方采取隐藏信息或行动的道德风险行为。

从信息不对称的具体内容上来看，信息的不对称性可以划分为交易者的隐藏行动（hidden action）行为和交易者的隐藏信息（hidden information）行为。

在农村信贷市场中，信息的不对称性是被诸多学者认为导致农户信贷配给的重要原因（Jaffee，1976；Stiglitz，1981）。从事前的信息不对称来看，银行难以识别贷款发放前借款者的对不同风险的项目选择行为。当银行的贷款利率上升时，会导致部分借款者更倾向于风险较大项目，而部分借款选择不贷。因此，当银行贷款利率上升到某个临界值时，银行实现最大的期望收益，而部分有能力还款的申请者被排斥在银行之外，导致信贷配给的产生。从事后的信息不对称来看，由于银行难以识别借款者贷后用途，导致银行贷款利率上升时，借款者倾向于选择风险更大、收益更高的项目。同时，借款者选择高风险的行为会导致银行期望收益的下降，因此银行会选择拒绝高利率大借款者，进而导致信贷配给的产生。

3.1.4　社会认知理论

社会认知理论（Social Cognition Theory，SCT）是指个体、个体认知行为以及行为所处的环境会共同影响个体的行为决策（Bandura，1989）。社会认知理论兴起于 20 世纪 80 年代，主要应用于社会心理学以及认知发展心理学等学科。

从社会认知的内涵来看，Flavell（1985）认为社会认知是指个人对自身行为决策的认知及知识。时蓉华（1989）认为社会认知是个人自身对他人行为动机、心理状态以及意向做出判断和推测的过程。同时，对社会认知理论的诠释包括自我中心论、观点采择论以及心理理论三个主要方面。

利用社会认知理论来研究个体的决策行为，近年来受到众多学者的关注。例如，基于社会认知理论解释 P2P 网络放贷交易信任（陈冬宇，2014）、互联网金融理财产品购买行为（徐小阳，2017）、虚拟社区成员知识共享行为（尚永辉，2012）、消费者的采用模型（朱阁，2010）以及企业电子商务采纳决策行为（朱镇，2011）等研究。

3.1.5 治理机制理论

所谓治理机制是指通过一系列经济行为活动的组合，使互相具有经济联系的理性人能够主动地依照某种规制或约束，来控制自身或他人的行为（Shleifer，1990）。同时，也有部分学者指出治理机制主要指使具有利益冲突的个人主体或公共组织主体能够相互协调并达成共识的一系列制度安排和规制方式的综合。

从内涵上来看，治理机制包括了对不同行为主体实施约束的正式规则和制度，也涵盖了一系列对各经济主体实施限制的非正式制度和规则（姚伟，2003）。同时，治理机制从对象上来分包括公司治理机制、政府组织治理机制以及合作经济组织治理机制等形式。治理机制从内容上主要包括外部制度环境以及内部治理机制，其中外部制度环境包括社会规范、村规民约等非正式制度，内部治理机制主要包含决策机制、监督机制以及激励机制（周振，2012）。

治理机制理论认为，各经济主体拥有相适宜的治理机制是各经济主体能否拥有良好组织运行绩效的重要前提（Jensen，1976；周金泉，2007）。从具体的治理机制内容来看，外部的制度环境是保证内部治理能够有效运行的制度基础和约束基础，外部制度环境能够有效避免经济主体在运营过程中出现的外部制度风险。内部治理机制是经济组织能够有效运行的内在保障。具体来看，决策机制是保证经济组织避免出现决策风险，有效的决策机制能够保证经济组织建立正确的组织经济决策方向。监督机制是抑制经济组织中的个体出现道德风险的保障，监督机制越有效，经济组织中出现委托代理问题的风险也会越低。激励机制是保障组织中的各个行为主体能够积极实现组织目标的激励保障，只有具有有效的激励机制才能有效提高经济组织的资源配置效率。由此，总的来看，完善的治理机制是经济组织能够实现组织目标的重要制度保障。

3.2 分析框架

合作社内信用合作达成与治理，本质上反映了合作社内信用合作生发和演进的过程。对于合作社内信用合作的生发过程，主要表现为合作社与社员之间在出资行为和借款行为达成的实现，其中出资行为达成主要表现为参与合作社内信用合作社员（核心和普通）作为出资者满足其出资决策激励相容的过程，借款行为主要表现为参与合作社内信用合作社员（核心和普通）作为借款者，基于社员与合作社之间的业缘关系，如何实现借款契约达成的过程；对于合作社内信用合作的演进过程，主要表现为不同治理约束下，核心社员群体作为信用合作管理者，其在趋利性动机下，如何实现信用合作为社员解决"小额、分散"农业生产融资需求的社会性使命过程（见图3-2）。

基于此，本节首先分析合作社内信用合作内部达成机理，然后再分析合作社内信用合作达成过程中治理因素对信用合作社会绩效和财务绩效的影响过程。

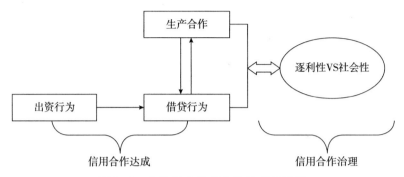

图 3-2　合作社内信用合作达成与治理

3.2.1　合作社内信用合作达成机制分析

合作社内生产合作与信用合作相互关联，促进了联合利润的产生，是合作社内信用合作实现达成的重要基础，而联合利润的产生源于信用合作促进生产合作盈余增加以及信用合作盈余的实现（见图 3-3）。原因在于，一方面，信用合作缓解了生产合作的融资需求，进而实现生产合作盈余的增加（德布拉吉·瑞，2002；毛飞，2014）；另一方面，生产合作降低了信用合作的监督成本（张雷等，2018），有利于信用合作盈余的产生。

合作社内信用合作达成从内涵上来看，是指以生产合作为基础，由成员自愿出资，以商业信用或货币信用为载体，满足成员融资需求的过程。因此，从金融契约达成的视角来看，合作社内信用合作的达成必须要实现出资契约的达成以及借贷契约的达成。Smith（1981）在研究美国信用合作组织（credit union）时也指出，实现资金供给者（存款者）和资金需求者（借款者）的激励相容，是实现信用合作组织运营的重要前提。基于此，本书把合作社内信用合作达成分为资金出资行为达成和资金借贷行为达成两个部分进行思考。

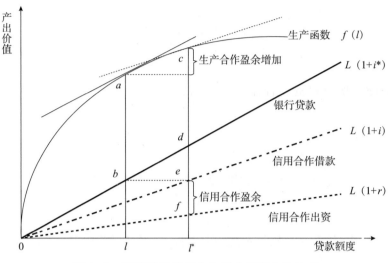

图 3-3 互联性交易与合作社内信用合作达成

3.2.1.1 合作社内信用合作出资行为达成

合作社内信用合作的资金出资行为的达成实质上是社员的风险投资行为决策。基于期望理论来看，在社员风险效用函数一定的情况下，其最优投资规模取决于社员拥有的财富水平。但是，已有研究显示认知因素等（Soane，2005）也会影响投资决策者的风险效用函数，进而影响其投资决策行为。因此，本书首先将基于冯·诺依曼（1947）的期望效用理论分析在相同风险效用函数①下，社员对合作社内信用合作的最优投资规模。然后，分析社员信用合作认知因素对其合作社内信用合作风险感知（效用函数）的影响，进而证明社员信用合作认知程度对其合作社内信用合作资金供给决策的影响。

（1）相同期望效用函数下资金供给决策机制分析。假定单个参与信用合作的社员拥有可投资资金 w，相对于把钱存到银行，

---

① 风险偏好与期望效用函数相对应，风险偏好相同即期望效用函数相同。

向合作社内信用合作活动投资是一种风险投资。假定合作社社员把钱存到银行的货币资金为 β，投资 1 元资金到银行的收益为 1 元。把钱投到合作社内信用合作的货币资金为 α，由于存在一定的风险，所以投资到合作社内信用合作的收益是一个随机数 γ 且其分布函数为 F（γ）。我们假定投资到合作社内信用合作的期望收益大于投资到银行的固定收益。即：

$$\int \gamma dF(\gamma) > 1 \qquad (3-3)$$

当社员拥有的初始可投资资金为 w 时，我们可以基于伯努利效用函数 u（x）假定以及式（3-3）计算社员向合作社内信用合作配置的最优资金规模 β。

$$\operatorname*{Max}_{\alpha,\,\beta \geq 0} \int u(\alpha\gamma + \beta)\, dF(\gamma) \qquad (3-4)$$

$$\alpha + \beta = w \qquad (3-5)$$

如果向合作社内信用合作投资是有意义的，即存在一个最优值 α^*，使 $0 < \alpha^* < w$，则由库恩塔克条件有：

$$\phi(\alpha^*) = \int (\gamma - 1) u'(w + \alpha^*[\gamma - 1] + \alpha\gamma)\, dF(\gamma)$$

$$(3-6)$$

若 $\alpha^* > 0$，则 $\phi(\alpha^*) \geqslant 0$；若 $\alpha^* < 0$，则 $\phi(\alpha^*) \leqslant 0$。

（2）不同信用合作认知程度下资金供给决策机制。在第一部分的分析中，我们知道在社员拥有相同风险偏好条件下，即具有相同的伯努利效用函数 u（x）时，初始可投资资金 w 一定时，社员向合作社内信用合作投资的最优资金规模 α^* 也将是一定的。但是，事实上认知因素（Soane，2005）、个体差异因素（Charlotte，2001）等均会通过影响个体对投资对象的风险感知程度，进而影响其投资效用决策函数。例如，徐小阳等（2017）认为消费者认知因素影响了其对互联网金融理财产品的购买行为。陈东宇

（2014）表示个体认知因素会影响其对 P2P 网络借贷出资行为的影响。基于此，本书认为信用合作认知因素也会通过影响社员对信用合作风险感知（期望效用），进而影响其对合作社内信用合作资金供给决策行为。

假定社员信用合作认知是对其信用合作投资风险感知的增函数①，即社员对信用合作的认知程度 P 越大，社员的信用合作投资效用函数越大，即 $p_1 < p_2$ 时，社员的信用合作感知风险系数 $r_{p_1}(x) > r_{p_2}(x)$②，此时当社员的信用合作认知水平为 P_1 时，由式（3-6），拥有内点解的最优风险资金配置条件为：

$$\int (\gamma - 1) u'_{p_1}(w + \alpha^*_{p_1}[\gamma - 1]) dF(\gamma) = 0 \qquad (3-7)$$

同理，对于效用函数 $u_{p_2}(x)$ 有：

$$\phi(\alpha^*_{p_2}) = \int (\gamma - 1) u'_{p2}(w + \alpha^*_{p2}[\gamma - 1]) dF(\gamma) = 0 \qquad (3-8)$$

令 $u_{p_2}(x) = \phi(u_{p_1}(x))$，则有：

$$\phi(\alpha^*_{p_1}) = \int (\gamma - 1) \phi'(u_{p_1}(w + \alpha^*_{p_1}[\gamma - 1])) u'_{p_1}(w + \alpha^*_{p_1}[\gamma - 1]) dF(\gamma) \qquad (3-9)$$

由于效用函数 u（x）是凹函数，所以 $\phi(x)$ 是正的递减函数，因此对于式（3-9）有 $\phi(\alpha^*_{p_1}) < 0$。将式（3-8）与式（3-9）相比较得出 $\alpha^*_{p_1} < \alpha^*_{p_2}$。

---

① 社员对合作社内信用合作权属认知程度越高，则社员对信用合作投资风险的了解程度也就越高，信用合作投资效用越高。
② 此处的证明公式参考了马斯克莱尔《微观经济学》对不同风险规避的讨论，详见其书第 270 页。

由此我们得出假说 1：

在社员初始可投资资金规模一定时，社员对信用合作认知的程度越高，越有利于社员在合作社内信用合作出资规模的扩大。

3.2.1.2 合作社内信用合作借贷行为达成

合作社内信用合作出资行为的达成为信用合作借贷行为的达成提供了资金来源，同时信用合作借贷契约的有效缔结，是实现合作社内信用合作联合利润产生，进而实现合作社内信用合作达成的必要条件之一。

传统信贷模式下，由于农户缺乏合规抵押品等因素，导致农户很难从以农村商业银行为代表的正规金融机构获得贷款（周立，2007）。以产业（或生产合作）为依托开展的合作社内信用合作，合作社可以利用与社员之间存在的生产合作关系，发展对农户（社员）贷款行为上的抵押品替代机制，增加对农户信贷道德风险的约束程度，进而实现信用合作借款行为的达成。对于这种关联性思维，部分学者已有所涉猎。例如青木昌彦（2002）在《比较制度分析》一书中指出，社员成员之间的社区关系，对于抑制少数成员在公共用水上的"搭便车"行为起到了积极作用。Spagnolo（1999）在解释大型日企为何能够有效实现雇工之间的协同合作时，指出雇工成员之间依靠"集体旅行"等公共活动产生的社会关系，对于抑制雇工成员之间在生产上的不合作，具有显著影响。基于此，本书首先解释农户与银行之间纯信用契约由于道德风险造成的融资困境，然后论证关联博弈[①]下的社员生产合作声誉机制对借款融资困境的破解，进而实现对社员合作社内信用合

---

① 关联博弈（linked game）是指两个或多个博弈之间具有相关性。Spagnolo 在 1999 年发表的 *Social relations and cooperation in organizations* 一文最早使用此概念，本书进行了引用。

作借款行为的达成。

（1）道德风险下农户与银行之间纯信贷契约融资困境。假定社员在每个生产季节都需要向银行申请一笔信贷资金 l 以支持农业生产，资金利率为 r。农业生产的预期收益率为 v，社员与银行之间达成贷款协议时各需要花费的交易成本为 c。对于银行而言，只有收益 $I=l*r-c>0$ 时，才有激励发放信贷资金，否则将会拒绝；对于社员来说，当信贷收益 $E=l*v-l*(1+r)-c>0$ 时，才会向银行申请资金，否则将不会申请资金。由于社员缺乏合规抵押品，此时社员与银行之间构成了纯信用合作博弈。若社员选择违约则收益为 $lv-c$，此时银行选择发放信贷资金的收益为 $-l(1+r)-c$。若银行选择不发放，社员选择守信，则银行的收益为0，社员的收益为 β_1。由此，社员与银行之间在单个农业生产季节博弈的战略及支付矩阵如图3-4所示。

		银行 发放	银行 不发放
社员	守信	$lv-l(1+r)-c,\ lr-c$	$-c,\ 0$
	违约	$lv-c,\ -l(1+r)-c$	$0,\ 0$

图3-4 农户与银行之间纯信用契约囚徒困境

在多季节重复博弈中，假定社员对未来申请信贷收益的贴现因子为 δ（$0<\delta<1$），则在银行的冷酷战略①（unrelenting trigger strategies）下，依据于声誉理论（Kreps，1980），社员选择守信的约束条件为：

$$(lv-c)<\frac{lv-l(1+r)-c}{1-\delta} \tag{3-10}$$

显然，在实际情况中由于社员对未来借款预期收益不足，在

---

① 冷酷战略是指一旦农户违约，将永远失去未来从银行获得信贷的收益。

纯信用契约下银行通过冷酷战略并不能对社员道德风险产生有效约束。因此，在纯信用契约中银行的最优策略就是不发放，社员的策略就是不还，由此导致囚徒困境产生。

假定银行能够通过加强外部监督等措施来实现对社员道德风险产生有效约束所需要的外部执行力为 D_p（the demand of enforcing power），则 D_p 可表示为：

$$D_p = \frac{l(1 + r - \delta v) + \delta c}{1 - \delta} \quad (\, D_p > 0 \,) \qquad (3-11)$$

（2）社员与合作社重复博弈下生产合作声誉产生及融资困境缓解。

1）社员与合作社重复博弈下生产合作声誉产生。

当社员加入合作社成为其社员时，合作社与社员之间存在农资团购、农产品团销等行为将会促进社员生产合作声誉产生。以社员与合作社之间的农产品销售合作博弈为例。假定社员与合作社单独销售农产品收益为 0，双方联合销售获得超额收益为 σ^*。如果社员违约，则其获得的超额收益为 $\bar{\sigma}$（即 $\bar{\sigma} > \sigma^* > 0$），合作社履约获得超额收益 $\underline{\sigma}$ 为负（即 $\underline{\sigma} < 0$）。同理，若合作社违约，则其获得超额收益为 $\bar{\sigma}$，社员履约获得超额收益为 $\underline{\sigma}$。由于合作社内组织化潜在利润的存在，社员参与合作社合作销售的总超额收益 $2\sigma^*$ 要大于一方不合作及另一方合作总超额收益 $\bar{\sigma} + \underline{\sigma}$（即 $\bar{\sigma} + \underline{\sigma} < 2\sigma^*$）。由此，在单个农产品销售季节，社员与合作社之间的销售合作博弈支付矩阵如图 3-5 所示。

在多季节重复博弈中，假定社员对未来参与销售合作收益的贴现因子为 δ（$0 < \delta < 1$），则在合作社的冷酷战略下，依据声誉理论，社员选择合作的约束条件为：

$$\bar{\sigma} < \frac{\sigma^*}{1 - \delta} \qquad (3-12)$$

合作社

		合作	不合作
社员	合作	σ^*, σ^*	$\underline{\sigma}, \overline{\sigma}$
	不合作	$\overline{\sigma}, \underline{\sigma}$	0, 0

图 3-5　合作社与社员在单季节生产合作博弈

假定 K_s 表示为社员在销售合作博弈中由生产合作产生的剩余执行力（the surplus of enforcing power），则 K_s 可表示为：

$$K_s = \frac{\sigma^*}{1-\delta} - \overline{\sigma} \ (K_s > 0) \tag{3-13}$$

2）社员生产合作声誉对传统融资囚徒困境缓解。

当合作社内开展信用合作时，此时合作社替代银行成为纯信用契约中信贷发放主体，基于合作社在开展信用合作时所具有的互联性交易特征，纯信用合作博弈与生产合作博弈之间构成的是关联博弈，其关联支付矩阵如图 3-6 所示。

合作社

		（合作，发放）	（不合作，不发放）
社员	（合作，守信）	$[lv-l(1+r)-c]+\sigma^*,$ $(lr-c)+\sigma^*$	$\sigma-c, \overline{\sigma}$
	（不合作，违约）	$(lv-c)+\overline{\sigma},$ $\overline{\sigma}-[l(1+r)+c]$	0, 0

图 3-6　社员与合作社之间生产合作与信用合作关联博弈

基于声誉理论，当社员与合作社之间的销售合作博弈与信用合作博弈构成关联博弈时，在合作社采取冷酷战略下，社员在信用合作上选择守信的约束条件变为：

$$(lv-c) + \overline{\sigma} < \frac{[lv-l(1+r)-c]+\sigma^*}{1-\delta} \tag{3-14}$$

假定以生产合作为基础的信用合作，社员在信用合作上选择守信所需要的外部监督执行力为 D_p^*，则此时 D_p^* 可表示为：

$$D_p^* = (lv - c) + \bar{\sigma} - \frac{[lv - l(1+r) - c] + \sigma^*}{1 - \delta} \quad (3-15)$$

将式（3-11）和式（3-13）代入式（3-15），可得：

$$D_p^* = D_p - K_s \quad (3-16)$$

由上式可知，合作社与社员之间的生产合作声誉能够减少信用合作博弈所需要的外部执行力（$D_p^* < D_p$）。由此，与社员和银行之间的纯信用契约相比，社员生产合作声誉机制增加了社员信用合作道德风险抑制程度，因此更易获得信用合作借款。

（3）生产合作特征对社员信用合作道德风险抑制提升。虽然相对于社员与银行之间的纯信用契约，社员生产合作声誉能够提高抑制社员信用合作道德风险的程度，但是不同生产合作关系强度对社员道德风险的抑制程度却不同。

更进一步地，将式（3-13）代入式（3-16），可得：

$$D_p^* = D_p - \left(\frac{\sigma^*}{1 - \delta} - \bar{\sigma}\right) \quad (3-17)$$

由式（3-17）可得，在社员与合作社之间信用合作博弈所需要的外部执行力 D_p 一定的情况下，社员耐心程度 δ（贴现因子）与不合作超额收益 $\bar{\sigma}$ 不变时，社员从销售合作过程中获得超额收益 σ^* 越大，社员与合作社之间销售合作博弈提供的剩余执行力 K_s 也就越大。此时，在合作社内开展信用合作所需要的外部执行力 D_p^* 也就越小（见图3-7）。

更进一步地，当社员与合作社之间的生产合作"深度"越深、"广度"越广，那么社员在生产合作中获得超额收益将会越多。这就意味着，社员与合作社之间在生产合作上的交易频率越高、交易种类数越多，则生产合作特征在信用合作道德风险抑制上所

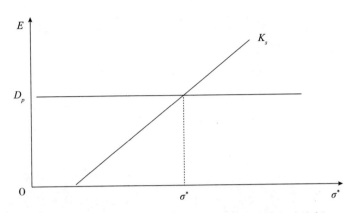

图 3-7　关联博弈下生产合作与信用合作道德风险降低

注：纵坐标 E 表示执行力大小。

发挥的声誉效应也就越强。因此，本书提出第 2 个和第 3 个假说：

假说 2：社员与合作社之间的生产合作交易频率越高，生产合作关系通过声誉机制抑制社员信用合作借款道德风险将会越有效，越有利于社员从合作社信用合作中获得借款。

假说 3：社员与合作社之间的生产合作交易种类越多，生产合作关系通过声誉机制抑制社员信用合作借款道德风险将会越有效，越有利于社员从合作社信用合作中获得借款。

3.2.2　合作社内信用合作治理机制与绩效分析

信用合作达成是信用合作组织治理的微观基础，同时信用合作组织治理又对信用合作达成的具体行为表现产生影响。因此，在从社员层面分析信用合作达成的出资行为和借款行为的基础上，本书将进一步从合作社层面分析不同治理模式下，合作社内信用合作运行效果。

从组织属性来看，合作社内信用合作作为一种新型农村合作金融组织（汪小亚，2014），其应该要实现"为服务社员'小额、分散'生产经营融资需求"社会性目标①以及实现合作社内信用合作可持续的商业性目标。在双重组织运营目标下，如何实现有效的合作社内信用合作治理对于实现信用合作组织目标具有重要意义（Armendáriz，2013）。同时，合作社内信用合作治理作为一种合作金融组织又不同于一般的公司治理（杨虎锋等，2014），其组织目标的实现不仅需要考虑内部治理因素（Mersland，2009），而且需要分析外部制度环境因素产生的影响（Dorfleitner，2017）。基于此，本节将在信用合作行为达成的分析基础上，从治理机制理论的内部治理因素和外部制度环境两个维度，分析信用合作治理对合作社内信用合作运行绩效的影响。

3.2.2.1 合作社内信用合作内部治理机制与治理绩效

合作社内部信用合作的治理机制是指农民专业合作社在开展信用合作过程中，对信用合作中的出资、借款以及利益分配等信用合作行为的内部约束机制。在农民专业合作社社员不断分化的背景下，如何保证合作社内信用合作资源向普通社员倾斜，尤其需要建立完善的合作社内信用合作内部治理机制，具体来看有以下几点：

（1）内部监督制度。从内部监督机制来看，合作社内信用合作的内部监督机制主要依靠监事会来执行。建立内部监事会制度对于合作社内信用合作社会性目标的影响主要体现在：一方面，合作社内信用合作的管理者往往也是合作社内生产合作的核心社员，因此建立有效的监督机制能够抑制合作社内信用合作管理者违规使用信用合作资金的风险（陈立辉，2016）；另一方面，核

---

① 例如农业部《农民合作社开展信用合作试点暂行办法》中指出，"信用合作资金仅为本社员发展农业生产经营活动提供小额资金支持"，山东省《农民专业合作社信用互助业务试点管理暂行办法》也明确要求信用合作满足"小额、分散"等原则。

心社员往往在生产经营过程中对资金有更大的需求，合作社内信用合作的开展对于核心社员群体而言，往往是提供了更廉价的信贷资源，这就诱使核心社员群体存在通过大额放贷俘获合作社内信用合作信贷资源的动机。因此，建立内部监事会制度将有利于合作社内信用合作社会绩效的提升。同时，内部监事会制度将不利于合作社内信用合作财务绩效的提升，主要原因在于合作社内信用合作的主要运营目标是缓解社员"小额、分散"的生产经营需求，平均贷款额度的降低将会提高合作社内信用合作运营的成本，进而对合作社内信用合作的财务绩效造成负面影响（杨虎锋等，2014）。

由此本书得出假说4：建立内部监事会制度将会提升合作社内信用合作社会绩效，但是会降低合作社内信用合作财务绩效。

（2）内部决策机制。从内部决策机制来看，合作社内信用合作的内部决策机制主要依靠由理事长主导，普通社员参与的评议小组或评审委员会。由理事长为核心的内部决策机制对于合作社内信用合作社会性绩效和财务绩效的作用机制在于：一方面，普通社员往往是"小额、分散"资金借贷的需要者，有普通社员参与的内部决策机制将能够推动合作社内信用合作更多履行社会责任使命，实现合作社内信用合作社会绩效的提升；另一方面，以理事长为代表的核心社员群体在合作社开展信用合作时往往掌握信用合作盈余的索取权（刘西川，2018），普通社员参与内部决策的比例越高，将会有利于抑制合作社内信用追求盈余最大化的动机，进而抑制合作社内信用合作财务绩效的提升。

由此本书得出假说5：普通社员参与合作社内部决策的比例越高，将会有利于提升合作社内信用合作社会绩效，但是可能会对合作社内信用合作财务绩效造成抑制。

（3）内部激励机制。从内部激励机制来看，合作社内信用合作的激励模式主要包括按资金使用量分红模式以及按股份分红模式。按股份分红模式下，以理事长为代表的核心社员群体往往掌握大部分剩余索取权。因此，在逐利性动机下，理事长作为合作社内信用合作的主要决策者将会有动机推动合作社内信用合作向逐利性目标演进，进而提升合作社内信用合作财务绩效，降低合作社内信用合作社会绩效。按资金使用量分红模式下，一方面体现了信用合作的互助共济性，进而有利于合作社内信用合作社会绩效的提升；另一方面抑制了以理事长为代表的管理者群体趋利性动机，防止信用合作向商业利益最大化的财务绩效目标演进。

由此本书得出假说6：相对于按资金使用量分红模式，按股份分红模式将会导致合作社内信用合作财务绩效的提升，社会绩效的下降。

3.2.2.2 合作社内信用合作外部制度环境与治理绩效

合作社内信用合作的外部制度环境主要是指正式制度和非正式制度环境，其中非正式制度环境包括合作社内信用合作所在地的村规民约以及社会规范等，正式制度环境包括由中央政府出台的相关政策文件和地方政府出台的相关约束条例。

合作社内信用合作的外部正式制度环境约束主要包括由中央政府出台的关于合作社内信用合作开展的原则性指标文件，以及各地方政府出台的关于合作社内信用合作试点的具体规制措施。合作社内信用合作的外部非正式制度环境主要包括合作社所处地区的社会习俗、村规民约等内容。由于正式制度是合作社内信用合作能够开展的重要制度基础和约束基础，因此本书重点讨论合作社内信用合作的外部正式制度环境对合作社内信用合作治理绩效的影响。

具体来看，在合作社内信用合作正式制度环境中，中央政府要求以解决合作社内部社员的融资困境为出发点，推动合作社内信用合作试点活动的不断开展。同时，各地方政府均出台了相关政策指导文件，要求合作社内信用合作服从"小额、分散"原则。

从理性人角度来看，以理事长为代表的核心社员群体通过推动信用合作趋利实现自身利益最大化，是其作为理性人的必然冲动。在普通社员博弈能力普遍较弱的情况下（陈东平等，2012），外部政府规制机制是否有效，对于合作社内信用合作是否履行"小额、分散"社会性使命具有重要意义。例如 Dorfleitner（2017）在以 215 家微型金融组织为对象的研究中指出，有无外部政府规制对于微型金融组织是否会丢失社会责任使命（fail socially）具有重要影响。Mia（2017）在以孟加拉 169 家微型金融组织的实证研究中也指出，有无政府规制（regulation）对于微型金融组织是否使命漂移有重要影响。更进一步地，合作社内信用合作履行"小额、分散"的贷款原则，必然会导致合作社内信用合作运行成本的增加，进而实现财务绩效的下降（杨虎锋等，2014）。最后，过度的政府规制可能会导致合作社内信用合作运行成本的上升，进而导致合作社内信用合作难以有效运行（孙同全，2018）。

由此，本书提出假说 7：合作社内信用合作建立外部政府规制机制，将会促进合作社内信用合作社会绩效的提升，导致合作社内信用合作财务绩效的下降。

3.2.3　合作社内信用合作达成与治理总分析框架

基于以上分析，本书的分析总体框架如图 3-8 所示。

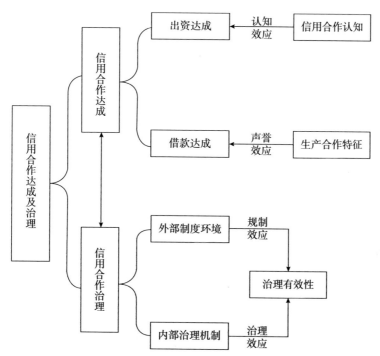

图 3-8 合作社内信用合作达成及治理总分析框架

苏鲁地区合作社内信用合作现状及模式比较

为了缓解农民专业合作社社员融资难问题，江苏省和山东省分别在 2014 年 6 月和 2015 年 9 月开展农民专业合作社内信用合作试点活动，在全国范围内属于最早一批开展合作社内信用合作试点的地区。同时，从 2014 年农业部调查统计数据来看，山东省开展信用合作合作社数量居于全国首位①。因此，总结苏鲁地区合作社内信用合作运行现状并做模式比较，能够全面反映当前合作社内信用合作运行现状。

4.1 苏鲁地区合作社内信用合作现状概况

从实际发展情况来看，当前合作社内信用合作的发展呈现不同模式，且运行状况也具有差异性（孔祥智，2017；陈东平，2017；聂左玲，2017）。基于此，本节试图对苏鲁地区合作社内信用合作发展现状进行概括总结并做比较分析。

---

① 数据来源于中和农信《农民合作社信用合作实践困境与发展前景研究》，第 9 页。

4.1.1 江苏省农民专业合作社内信用合作试点现状

自 2014 年 6 月江苏省开展农民专业合作社内信用合作试点以来，截至 2018 年 12 月，由地方政府主导设计的农民专业合作社内信用合作试点社有 11 家，具体名单如表 4-1 所示。

表 4-1 江苏省合作社内信用合作试点名单

编码	地区（市）	合作社名	产业类型	试点年份
1	宜兴	丰汇水芹专业合作社	蔬菜	2014
2	宜兴	天信生态种养专业合作社	蔬菜及养殖	2014
3	宜兴	怡农蔬菜专业合作社	蔬菜	2014
4	宜兴	坤兴养猪专业合作社	养殖	2014
5	常州	万叶水产专业合作社	养殖	2015
6	盐城	兴旺小杂粮专业合作社	种植	2015
7	苏州	勤丰农民综合社	水稻	2014
8	镇江	五塘有机稻米合作社	水稻	2014
9	镇江	锦绣果品专业合作社	果品	2015
10	宿迁	恒源稻麦种植专业合作社	水稻	2015
11	泰州	家禾蔬菜专业合作社	蔬菜	2015

数据来源：江苏省农委农民合作社指导处。

通过 2017 年 12 月对除去恒源稻麦种植专业合作社和勤丰农民综合社 2 家合作社之外的 9 家试点社社员层面和信用合作财务层面的调研以及 2018 年 12 月的进一步回访来看，2018 年 9 家试点社参与信用合作社员规模最小值为 29 人，最大值为 128 人，全年累计贷款规模最小值为 34 万元，最大值为 498 万元，借款年利率最小值为 8.2%，最大值 9.6%。同时，通过对 2018 年 8 家合作社的平均借款规模来看，最小值为 2.5 万元，最大值为 10.8 万元[①]。因此，总体上来看 9 家试点社运营状况差异性较大，部分试点社平均借款规模过大，可能存在一定程度的使命漂移问题。

4.1.2 山东省农民专业合作社内信用合作试点现状

自 2015 年 9 月山东省开展农民专业专业合作社内信用合作试点以来，截至 2018 年 11 月，拥有资格开展农民专业合作社内信用合作的合作社有 426 家，参与合作社内信用合作社员已达 2.9 万人，累计发生信用合作借款笔数 4946 笔，累计借款金额 20909.2 万元[②]（见图 4-1）。

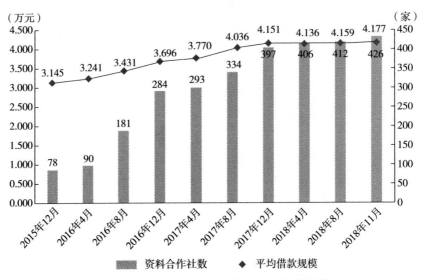

图 4-1　山东省合作社内信用合作试点现状

[①] 2018 年宜兴市坤兴养猪专业合作社由于养殖污染被取缔，故 2018 年为 8 家财务数据。

[②] 数据来源于山东省金融办官网，http://www.sdjrb.gov.cn/271/14809.html。

但是，从信用合作累计平均借款来看，2015年12月合作社内信用合作平均借款规模3.145万元，2018年11月合作社内信用合作平均借款规模4.15万元，整体而言，合作社内信用合作平均借款规模呈上升趋势。

4.1.3 苏鲁地区农民专业合作社内信用合作自发开展现状

对于苏鲁地区，由农民专业合作社自发开展的合作社内信用合作活动，目前并没有公开统计数据。2010年9月由中国人民银行组织的全国范围内调研显示，截至2009年，全国依托农民专业合作社开展信用合作的合作组织有2.85万家，占全样本的50.89%（汪小亚，2014）。2014年由农业部经管总站组织、全国农业经管系统统计上报的，全国开展信用合作的农民专业合作社数量为2000多家。但是到2015年，由各省农业经济管理系统汇总的数据显示，全国范围内依托农民专业合作社开展信用合作的合作社数量约为6万家[①]。

基于已有学者或研究机构的统计数据来看，当前由合作社自发开展的合作社内信用合作行为在全国范围内不断显现，具有一定的生命力。同时，也有部分学者在研究中指出，这一类没有政府规制（监管）的信用合作活动也存在一定的运营风险（吴东立，2017；温铁军，2018）。结合对苏鲁地区26家样本社的实际调研来看，由合作社自发开展的农民专业合作社内信用合作活动，部分合作社的信用合作活动规模较小，能够有效发挥融资作用，但是也有部分合作社发展较大，存在"假合作、向影子银行演

---

① 数据来源于中和农信《农民合作社信用合作实践困境与发展前景研究》，第7页。

变"等问题（陈东平，2017；罗兴，2017）。因此，做好对苏鲁地区合作社内信用合作的模式比较分析，探讨部分合作社出现使命漂移等治理失效现象的原因具有重要意义。

4.2　苏鲁地区合作社内信用合作模式总结

通过上文对苏鲁地区当前农民专业合作社内信用合作的现状总结分析可以看出，当前苏鲁地区存在由地方政府外生构建和合作社自发开展等多种信用合作模式。对此，参考已有研究（汪小亚，2017），本书依据农民专业合作社内信用合作发起类型以及信用合作资金管理方式，将苏鲁地区存在的农民专业合作社内信用合作模式划分为"无池化"模式、"基本股金"模式、"混合"模式以及"机构"模式（见表4-2）。

表4-2　苏鲁地区合作社内信用合作模式分类

	"无池化"模式	"基本股金"模式	"混合"模式	"机构"模式
发起类型	外生	外生	内生	内生
资金管理	承诺股金	基本股金+承诺股金	生产资金+闲余资金	股金+互助金

4.2.1　农民专业合作社内信用合作"无池化"模式

"无池化"信用合作模式是指专业合作社在开展信用合作时，在专业合作社内单独成立信用互助部，不设立资金池，信用合作资金来源于参与信用合作社员的承诺股金的信用合作模式。"无池化"信用合作模式是 2015 年经国务院同意、中国银监会批复，在山东省试点开展的信用合作（互助）模式。在信用合作流程上，主要包括申请授信、授信评议、申请借款、借款审批、资金归集、借款发放、借款调查以及借款收回八个步骤（见图 4-2）。"无池化"模式在信用合作资金管理上，采用"无池化"管理，即参与信用合作的社员进行承诺出资，当有社员申请借款时，由合作社理事长按照既定承诺秩序，把社员承诺资金归集到合作社信用账户，进行统一发放。在信用合作类型上，"无池化"信用合作模式目前只有货币信用模式。在收益方式上，合作社不承诺固定收益，按照信用合作资金使用率进行盈余返还。在监管方面，目前"无池化"信用合作模式主要由地方银监局和农办部门共同监管。截至 2016 年 6 月，山东省开展信用互助业务的专业合作社有 191 家，信用互助资金 4.47 亿元。其中，参与"无池化"信用合作试点的合作社有 56 家，占山东省试点总数的 35%（聂左玲，2017）。

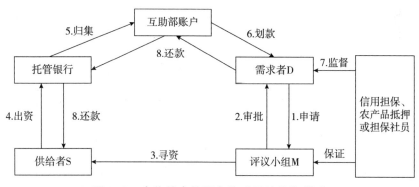

图 4-2　合作社内信用合作"无池化"模式

以山东省滕州市 XL 合作社为例，合作社于 2015 年 6 月采用"无池化"模式试点开展信用合作。合作社资金来源上采用认缴制，对于参与信用社员，其入股股金不承诺固定收益，采取按照资金累计使用额度按比例进行资金收益分配。社员贷款利息为年利率8.4%。合作社理事长作为参与信用合作社员，获得信用合作入股股金分红收益。同时，专业合作社在成立信用互助部时，地方金融监管局承诺提供20万元政策补贴。合作社内信用合作的借款笔数，到2016年9月只有26笔，社员参与积极性不高。信用合作审批流程太多，导致信用合作的便捷性大大降低，也增加了信用合作运营成本，导致参与信用合作各方主体难以实现激励相容。

4.2.2　农民专业合作社内信用合作"基本股金"模式

"基本股金"信用合作模式是指专业合作社在开展信用合作时，在专业合作社内单独成立信用合作部，信用合作资金主要来源于基本股金、承诺股金。"基本股金"信用合作模式是2014年江苏省试点开展的信用合作模式。在信用合作流程上，"基本股金"信用合作模式分为：社员申请、借款审批、社员担保（或质押）、借款发放以及收回借款等步骤（见图4-3）。"基本股金"模式在信用合作资金管理上，采用基本股金模式，即参与信用合作的社员在加入时，需要缴纳1万元基本股金，其他信用合作资金以签订资金入股合作的方式作为承诺股金。在信用合作类型上，目前只有货币信用合作，但是社员在还款时可以使用实物还款。在收益方式上，专业合作社内信用合作部不承诺固定收益，按照信用合作资金使用服务量①进行盈余返还。在监管方面，"基本股

---

① 信用合作资金服务量是按照信用合作资金额度与投入天数的乘积计算出社员信用合作资金积分。

金"模式信用合作部，目前在财务上有聘请会计事务所进行审计，在经营业务管理上主要由地方农办进行监管。截至 2016 年 11 月，宜兴市有 3 家试点专业合作社共 252 名社员加入专业合作社内部信用合作，入股资金 2155 万元，为社员解决融资需求 2798.2 万元①。

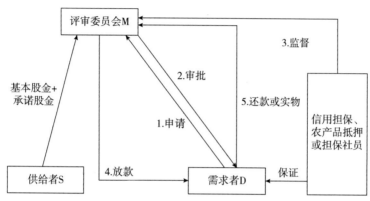

图 4-3　合作社内信用合作"基本股金"模式

以江苏省宜兴市 KX 养猪专业合作社为例，2014 年合作社采用"基本股金"模式开展信用合作试点。合作社资金使用费率为 9.6%，社员出资合作社不承诺固定收益，采取按照资金累计使用额度按比例进行资金收益分配。截至 2016 年 11 月，KX 养猪专业合作社参与信用合作社员累计 125 户，开展信用合作笔数累计 64 笔，累计使用信用合作资金 1712.7 万元。

4.2.3　农民专业合作社内信用合作"混合"模式

"混合"信用合作模式是指专业合作社开展信用合作时，不单

---

① 数据来源于 2016 年在无锡市实际调研访谈。

独成立信用合作部，信用合作资金来源于"合作社生产资金+社员闲余资金"。"混合"模式由合作社理事长发起，在信用合作流程上，"混合"模式信用合作流程分为：社员申请、借款审查、社员担保（或质押）、借款发放、收回借款等步骤（见图4-4）。在信用合作资金管理模式上，"混合"模式采取"生产资金①+闲余资金"模式，即利用合作社社员在加入合作社时缴纳的入股股金作为信用合作资金的主要来源，同时社员与合作社在农资团购、农产品团销上产生的闲余资金，社员可自愿存放，并以接近农商行一年期存款利率计息。在信用合作类型上，"混合"模式采取"货币信用合作+商品信用合作"的方式，即社员可以从合作社借入信用合作资金，也可以通过赊购农资的形式进行商品信用合作。在收益分配方式上，对于社员闲余资金，合作社一般承诺给予接近农商行一年定期利率，对于社员入社股金，按照合作社年末总盈余进行按股分配。

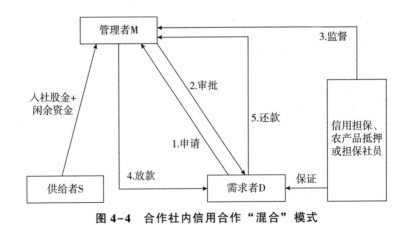

图4-4 合作社内信用合作"混合"模式

"混合"模式是一种由农民专业合作社理事长自愿发起，形成

---

① 入社股金是社员加入专业合作社的入社股金，"基本股金"模式指的是社员参与信用合作的基本入股股金，二者并不完全相同。

的一种信用合作模式。以山东省 WZ 果品专业合作社为例，合作社成立于 2002 年，合作社主要产业为苹果和水蜜桃的种植销售，合作社开展服务主要包括果品团体销售、生产资料团购以及种植技术服务推广等。合作社在成立之日起，就开展了社员之间的信用合作（资金互助）活动，以解决社员在生产销售环节的资金短缺问题。合作社信用合作活动主要包括成员出资、社员申请以及理事长审核发放等步骤。信用合作资金来源主要包括社员与合作社之间在生产资料购买以及产品销售中产生的预留资金，以及社员加入合作社的入社股金，入社股金一般为 1 万元/股。在信用合作盈余分配上，合作社信用合作盈余作为合作社总盈余的一部分，社员的闲余预留资金已接近地方农村商业银行存款利率进行计息，而入社股金按照生产合作盈余和信用盈余的总盈余，进行按股分红。目前，参与合作社信用合作的社员人数已达 701 户，信用合作累计使用资金达 2400 余万元。

4.2.4 农民专业合作社内信用合作"机构"模式

"机构"信用合作模式是指在专业合作社内部单独成立信用合作（互助）部，信用合作资金来源于社员入股股金和社员互助金，由合作社背后的农业龙头企业发起的一种信用合作模式。在信用合作流程上，"机构"模式信用合作流程为：社员申请、借款审查、社员担保，借款发放、借款收回等步骤（见图 4-5）。在信用合作资金管理模式上，"机构"模式采取"股金+互助金"模式，即一般由合作社管理层或（和）龙头企业投入大部分股金，社员缴纳资格股金（一般为 100 元）和互助金。在信用合作类型上，"机构"模式只有货币信用合作。在收益方式上，合作社承诺给社员互助金以固定的收益率（以 2015 年为例，出资利率为 6%），社员股金按照年末信用合作盈余进行按股分配。

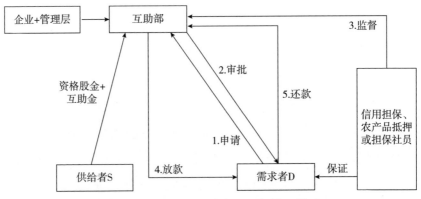

图 4-5　合作社内信用合作"机构"模式

　　"机构"模式是一种由地方龙头主导型专业合作社自愿成立发起，形成的一种信用合作模式。以临沂市蒙阴县 HZ 果品专业合作社为例，该合作社是由地方农业龙头企业作为主要发起人成立的合作社。合作社于 2013 年成立，设立了资金互助服务处、农业生产资料供应处以及技术推广服务处。在经营规模上，HZ 果品合作社拥有 12 个分社，社员规模 4000 多户，社员边界覆盖了蒙阴县全县。在信用合作服务上，信用合作资金主要包括普通社员的资格股金（100 元/股）和互助金，以及合作社核心管理者和龙头企业出资的股金，其中社员互助金以接近 6% 的年利率计息获得收益，社员股金按股分红。社员从合作社获得借款的利率接近 14.4%。在信用合作管理上，信用合作服务处与合作社其他服务，在财务核算上相对独立。合作社管理者从信用合作获得股金分红以及基本的工资补贴。到 2015 年 9 月，HZ 果品合作社开展信用合作的资金规模已达 5000 余万元，其中普通社员出资互助金 4000 万元和资格股金 9 万元，合作社管理者和龙头企业出资股金 1000 万元。

4.3　苏鲁地区不同信用合作模式比较分析

组织治理机制是指各种组织参与者利用现有框架和组织章程，通过权力分配和实施来实现对组织的控制和对相关利益人权益的保护（周振，2012）。Williamson（1989）等认为治理机制是影响组织是否运行良好的关键因素。同时，组织治理机制又可以分为内部治理机制和外部环境机制，而内部治理机制又包括内部决策机制、内部监督机制和内部激励机制（白重恩，2005）。专业合作社内信用合作的开展也是一种治理机制。基于此，本书从组织治理机制的角度，从外部环境和内部治理机制两个方面对四种不同信用合作模式进行比较分析。

4.3.1　不同信用合作模式外部环境

外部环境机制主要包括外部监督机制和外部经营环境机制。从外部经营环境机制上来看，"混合"模式和"机构"模式在面对农村正规金融的信贷约束下，专业合作社不断发展导致的融资需求迫使合作社自发开展的信用合作活动，合作社内生的开展信用合作的动机较强，社员之间信用活动较为紧密。与此相比，"无池化"模式和"基本股金"模式均是在地方政府支持下开展的信用合作活动，政府的政策支持降低了专业合作社开展信用合作的政策风险。同时，地方政府的政策补贴也进一步降低了专业合作社开展信用的交易费用。

从外部监督机制上来看，由于"混合"和"机构"模式是专业合作社自发开展的信用合作模式，二者目前并没有受到外部政府部门的监管。因此，内生的"混合"和"机构"的信用合作模式易受到管理者机会主义行为的威胁。与此相比，"基本股金"模式实行三级管控，首先，由地方农办对专业合作社开展的信用合作进行严格把关，并建立信用合作系统。其次，由银行对信用合作资金流量进行监管。最后，由外部会计事务所对信用合作操作程序、经营效益等进行审计。"无池化"模式受到地方政府多部门的监管，信用合作的管理者产生机会主义行为的动机受到抑制。

基于以上分析，"无池化"和"基本股金"模式在外部经营环境上受到了地方政府的政策和补贴支持，同时，也受到了地方政府部门的外部监管。由专业合作社自发成立的"混合"和"机构"模式，其开展信用合作动机较强，社员之间信用合作较为紧密。同时，由于"混合"和"机构"模式没有受到地方政府部门的监管，易受到信用合作管理者的机会主义行为威胁。

4.3.2 不同信用合作模式内部治理机制

从内部决策机制上来看，"无池化"和"基本股金"信用合作模式的授信和审批均由评议小组（或借款评审委员会）共同商议决定，能够有效地降低管理者个人机会主义行为。"混合"模式的社员授信和审批决策均由理事长个人决定，理事长权力范围较大，且没有受到相关约束。"机构"模式在社员的授信与评议上，均由专业合作社管理层决定。同时，由于专业合作社信用合作的股金绝大部分由龙头企业和专业合作社管理层出资，因此，信用合作的决策行为也易受到龙头企业的影响。

从内部监督机制上来看，"无池化"模式主要依靠评审委员会对专业合作社信用合作行为进行监督。同时，社员的资金实施承诺制，进一步抑制了合作社管理者产生机会主义行为的动机；"基本股金"模式建立监事会制度对专业合作合作社信用合作行为进行监督。同时，在资金管理上，采用"基本股金+承诺股金+外部托管银行授信"的方式，控制信用合作资金实际运行规模。

从内部激励机制上来看，"无池化"和"基本股金"模式均对入股社员采用不承诺固定收益方式，合作社依据年末资金使用量进行分红。不承诺固定收益的方式，有利于降低合作社信用合作资金成本风险，但是抑制了社员入股出资积极性。"混合"模式，对于社员入社股金按照年末总收益进行按股分红，对于社员闲余资金采用承诺接近于农商行一年期存款利率。相比之下，"机构"模式对于社员的互助资金采用高于农商行一年期存款利率方式进行计息，对于普通社员资格股和龙头企业以及专业合作社管理层入股股金采用按股分红的方式。"机构"模式采用"固定利息+分红"的方式，有利于激励社员出资，但是同时过高的出资收益利率将诱使专业合作社信用合作资金规模不断扩大，信用合作运行风险较大。

基于以上分析，在政府主导下成立的"无池化"和"基本股金"模式均在内部决策机制和内部监督机制上严格抑制信用合作风险的发生，相比之下"混合"和"机构"模式在内部监督和内部决策机制上操作更为灵活，但是，内部监督机制的缺失将会使合作社信用合作存在潜在风险。同时，从内部激励机制上来看，"机构"模式由于承诺给社员较高固定收益，使合作社信用合作资金规模较大，存在较高的信用合作风险。与此相对应的，政府主导下成立的"无池化"和"基本股金"模式，由于不承诺给社员固定收益，造成合作社社员入股积极性不足，信用合作资金规模有限。

4.3.3 不同信用合作模式治理机制比较分析

通过对不同信用合作模式的比较分析发现，以"混合"和"机构"模式为代表的内生型信用合作与外生型的"无池化"和"基本股金"模式，在发起人类型、外部监督以及内部机制上存在以下不同（见表4-3）。

表4-3 苏鲁地区合作社内信用合作模式比较分析

	模式	"无池化"模式	"基本股金"模式	"混合"模式	"机构"模式
外部环境机制	发起主体	政府试点	政府试点	理事长	龙头企业
	外部监督	政府部门审核+银行托管	政府部门审核+银行托管+事务所审计	无	无
内部治理机制	内部决策	以理事长为主的评议小组	以理事长为主的借款评审委员会	理事长决策	理事长决策
	是否单独成立信用合作部	是	是	否	是
	有无监事会	有	有	无	有
	收益方式	按资金使用量分红	按资金使用量分红	入社股金分红+闲余资金计息	入股分红+互助金计息
	是否承诺固定收益	否	否	保底收益+分红	固定收益
	资金来源	承诺股金+政府补贴	基本股金+承诺股金+银行授信	入社股金+闲余资金	资格股金+互助金
	资金管理	"无池化"	低池化	混合池	股金+互助金池
	信用合作类型	货币信用	货币和商业信用	货币和商业信用	货币信用
	还款类型	货币	货币或实物	货币	货币

基于以上分析，外生型的"无池化"模式，由于信用程序烦琐且对社员不承诺固定收益，易造成社员激励不足，信用合作资金规模过小等问题。与此相对应的"机构"模式，由于合作社承诺给社员较高的固定收益，容易导致信用合作资金过大问题。同时，在信用合作管理上，"混合"和"基本股金"模式的信用合作类型较为灵活，能够更有效地满足社员在生产合作上的融资需求。最后，外生型的"无池化"和"基本股金"模式，在外部监督和内部监督机制上比较完善，能够有效地抑制合作社内信用合作风险。相对于此，内生型的"混合"模式和"机构"模式，由于外部监督机制的不完善，容易造成管理者的机会主义行为风险，进而可能导致合作社内信用合作出现使命漂移。

4.4 本章小结

当前苏鲁地区农民专业合作社内信用合作模式可以分为外生型的"无池化"模式和"基本股金"模式，以及内生型的"混合"模式和"机构"模式。基于组织治理机制的角度分析发现：首先，从外部经营环境层面，"无池化"模式和"基本股金"模式外部监督机制较为完善，能够有效抑制信用合作管理者的机会主义行为。与此相比，"机构"模式由于外部监管的缺失，加上信用合作资金规模过大，易造成信用合作管理者道德风险。其次，从内部决策机制上来看，"无池化"模式由于在信用合作资金管理上使用无资金池模式，信用合作流程烦琐，易导致社员信用合作交易成本过高问题。"基本股金"模式和"混合"模式由于有范围可控的基本股金资金池，在一定程度上提高了社员信用合作便利性。同时，在信用合作类型上，货币信用与商业信用混合使用的"基本股金"模式和"混合"模式，能够更加便利有效地满足社员融资需求。最后，从内部激励机制上来看，"无池化"模式和"基本股金"模式，由于采用不承诺固定收益的按资金使用量分红模式对于风险规避型的农户易造成激励不足问题，导致信用合作资金来源不足。"机构"模式采用社员入股分红、互助金计息的方式，易造成信用合作资金过大，进而导致信用合作风险问题。

合作社内信用合作达成
之出资行为分析

5.1 引言

信用合作出资行为的实现是合作社内信用合作达成的两个重要维度之一（薛桂霞，2013）。已有对信用合作（资金互助）的研究，指出信用合作组织融资困境是阻碍缓解融资约束的重要因素之一（张燕，2016）。同时，还有学者指出部分试点，存在合作社内信用合作业务难以展开等问题（聂左玲，2017）。对于上述问题，现有研究尚未进行深入讨论。基于此，本章将依据期望效用和社会认知理论，从社员对信用合作权属认知方面，分析合作社内信用合作社员的出资行为及其影响因素。

5.2 研究分析框架

社员对合作社内信用合作的出资行为本质上是一种投资决策

行为。基于此,本书将首先分析说明当前不同信用合作模式下社员出资激励机制现状,然后基于期望效用函数和社会认知理论分析社员信用合作认知对其合作社内信用合作出资规模的影响。

5.2.1　苏鲁地区合作社内信用合作出资激励机制

社员合作社内信用出资行为必不可少地会受到合作社内信用合作出资激励机制的影响。从内生发展的信用合作模式来看,由合作社理事长发起的"混合"模式,其对社员的出资激励机制主要包括保底收益加股金分红的方式,而由龙头企业带动发起的"机构"模式,其对社员的出资机制主要依靠股金加利息来实现。江苏省试点的"基本股金"模式①以及山东省试点的"无池化"模式②,均是通过对合作社内信用合作试点的出资额度、激励机制以及管理方式等途径对社员出资行为产生影响。具体来看如表5-1所示。

表5-1　不同模式下合作社内信用合作出资激励机制

	"基本股金"模式	"无池化"模式	"混合"或"机构"模式
地区	江苏省	山东省	江苏或山东省
信用合作额度	原则上不超过合作社上一年度销售额的30%,但最高不得超过1000万元	原则上不超过500万元,确有需要的可适当扩大规模,但不得超过1000万元	无限制

---

① 相关规定来源于江苏省《关于规范开展农民合作社内部信用合作试点的业务指引》。

② 相关规定来源于山东省《山东省农民专业合作社信用住户业务试点管理暂行办法》。

	"基本股金"模式	"无池化"模式	"混合"或"机构"模式
地区	江苏省	山东省	江苏或山东省
社员出资额度①	单个社员出资比例不得超过资金总额的20%	单个社员的出资规模比例不得超过资金总额的10%。自然人社员资金存放原则上不超过所在县上一年度农民人均纯收入的3倍	无限制
激励方式	在扣除风险金、管理费用等支出后产生的收益,按资金使用量进行分红	在弥补亏损、提取公积金后,按交易额进行返还	保底收益+股金分红,或股金分红+互助金利息
资金管理要求	以基本股金为主,其他信用合作资金包括承诺股金、留存互助金、政府扶持资金与信用合作资金产生的利息	不设资金池,吸收和发放资金以及结算均通过银行账户转账处理,原则上不允许进行现金交易	有资金池,以农资赊购或现金借贷为主要形式

由表5-1可知,无论是江苏省试点的"基本股金"模式,还是山东省试点的"无池化"模式均主要是通过先扣除相关风险及费用之后,再按照交易量进行分红,而由合作社理事长发起的"混合"模式或龙头企业发起的"机构"模式,均对社员的出资采取保底收益或固定收益的方式予以激励。

5.2.2　信用合作权属认知与出资行为达成

信用合作权属认知是指参与合作社内信用合作社员对信用合

---

① 在实际调研中,两种试点模式中单个社员的出资均未达到出资额度上限,即没有表现社员出资被动抑制状态。

作基本权利和义务的了解程度。

从对资金互助组织融资困境的研究来看，已有研究多从制度约束视角来分析融资困境的原因。例如，张燕等（2016）认为农民资金互助组织融资困境产生的原因在于农村金融服务体系和资金互助社制度设计存在缺陷。刘西川等（2017）认为现有政策制度不能够有效保护投资者利益是导致农户不愿意入股或出资村级互助资金互助组织的主要原因。同时，从社员层面来看，董晓林等（2013）认为风险认知因素、预期获得收益因素对于农户参与资金互助组织会产生影响。楼栋等（2013）等认为社员资金缺口以及经营规模等因素也会对社员参与合作社内信用合作的意愿产生影响。从已有对信用合作组织融资困境的研究来看，学者主要从制度设计层面分析其困境产生的原因，部分从社员层面的研究也多是参与行为或意愿的研究，尚未有文献对社员信用合作出资行为进行思考。基于此，本书试图基于期望效用理论和社会认知理论分析合作社内信用合作社员出资逻辑。

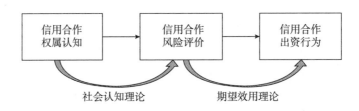

图 5-1　社员信用合作权属认知与出资行为达成

冯·诺依曼（1947）的期望效用理论认为个体的投资决策行为是个体风险偏好和拥有可投资金规模的函数，而风险偏好与其投资决策的期望效用函数相对应。事实上由于个体之间的先天性差异（Charlotte，2001）以及后天的学习认知因素（Lusk，2005）、风险认知因素（Soane，2005）、环境因素（Hsee，

2006），会影响个体决策者的投资效用函数（风险感知评价），进而影响其投资决策。例如，徐小阳等（2017）认为消费者认知因素影响了其对互联网金融理财产品的购买行为。陈东宇（2014）表示个体认知因素会影响其对 P2P 网络借贷出资行为的影响。社员对参与农民专业合作社内信用合作的权属认知也会影响其对向农民专业合作社内信用出资的期望效用函数（风险感知），进而影响其投资决策。一方面，社员对合作社内信用合作的权属认知程度越高，越有利于社员在对农民专业合作社内信用合作出资之后采取合适的风险规避措施；另一方面，社员对合作社内信用合作权属认知程度越高，越有利于提高社员参与农民专业合作社内信用合作的监督意识，降低合作社内信用合作风险感知程度，从而有利于社员出资。更进一步地，社员对农民专业合作社内信用合作的权属认知程度越高，越有利于提高社员对合作社内信用合作可能存在的不确定性的了解程度（见图 5-1）。因此，总的来看，提高社员对信用合作的权属认知程度将有利于促进社员对合作社内信用合作出资的积极性。

5.3 指标选取及描述分析

5.3.1 指标选取

本书选取的主要指标如下：

（1）被解释变量。本书的被解释变量是社员 2016 年度全年累计出资规模，之所以如此衡量，主要原因在于"无池化"模式是一种承诺出资模式，只有社员需要资金时，承诺出资社员才能出资，采用全年度累计出资规模更能全面反映社员出资行为。

（2）核心解释变量。本书的核心解释变量是社员信用合作权属认知程度。合作社内信用合作作为一种合作金融活动，应该满足4项基本原则，即自愿性、互助共济性、民主管理性以及非营利性（谢平，2001）。参考已有研究，本书基于以上4项信用合作基本原则设计出4个问题来考察参与社员对信用合作认知程度。具体测量方法如表5-2所示。

表5-2　社员信用合作权属认知量表

认知变量	问题设计	
自愿性认知（Z_1）	是否认为具有自主退出的权利？	0. 否或不清楚；1. 是
民主性认知（Z_2）	是否认为拥有一人一票的投票权？	0. 否或不清楚；1. 是
互助性认知（Z_3）	是否认为资金仅用于成员之间借贷？	0. 否或不清楚；1. 是
非营利性认知[①]（Z_4）	是否认为信用合作是以社员服务为主要目的？	0. 否或不清楚；1. 是

参考黄季焜（2010）及黄祖辉（2012）等学者的做法，本书依据信用合作认知的4项测量问题对社员信用合作认知程度进行测量。具体测量公式如下：

$$X_i = \Sigma Z_{ij} \qquad\qquad (5-1)$$

式（5-1）中，$i=1, 2, \cdots, n$，表示第i个社员；$j=1, 2, 3, 4$，分别表示对社员4项基本原则认知识别；X_i表示第i个社员的信用合作认知程度，并且$X_i = \{0, 1, 2, 3, 4\}$；Z_{ij}表示第i

---

① 非营利性认知表明信用合作是以服务社员为主要目标的社会使命，但并不否定社员参与信用合作要实现激励相容。

个社员的对 j 项基本原则的权属认知，若答对则取值为1，否则取值为0。

（3）其他控制变量。本书的控制变量包括出资收益特征、社员个人特征、家庭特征以及参与合作社特征等因素。对于出资收益特征。参考已有对农户参与资金互助组织行为（董晓林，2013）以及出资决策行为（吴诗嫚，2014）的研究，结合本书的研究对象，本书选取的出资收益指标包括出资收益率、是否预期获得借款、激励方式三个指标，其中出资收益率采用的是2015年实际出资收益率，之所以滞后一期的原因在于，"无池化"模式和"基本股金"模式在当年信用合作出资中不承诺固定收益，因此社员的出资激励主要是通过上一年度出资收益率进行当年的出资决策。对于内生型的信用合作模式，社员的出资收益率在连续年度中变化差异不大，因此采取上一年度的出资收益率能够有效反映收益率因素对社员出资行为的影响。对于社员个人特征，主要包括社员身份、年龄以及受教育特征等指标。家庭特征包括家庭纯收入，参与合作社特征包括参与合作社年限等指标。具体描述性分析如表5-3所示。

由表5-3可知，2016年社员平均累计出资规模为3.481万元，标准差为6.559，这说明当前社员对合作社内信用合作出资规模呈现较大差异，部分合作社社员出资规模为0，而部分合作社社员出资规模已达到62万元。从信用合作认知程度来看，社员对信用合作权属平均认知水平为2.519，这说明社员整体上对合作社内信用合作的权利和义务认知程度不高，有待进一步提升社员对合作社内信用合作权属认知程度。同时，从出资收益特征来看，社员对合作社内信用合作的平均收益率为4.555%，整体高于2015年银行一年期存款基准利率（2.55%），但是也有部分社员

表5-3 信用合作出资量变量含义及描述性统计

变量名	含义及赋值	样本量	均值	标准差	最小值	最大值
出资规模	2016年累计出资规模（万元）	635	3.481	6.559	0	62
信用合作认知程度	对信用合作4项基本权利和义务的认知和了解程度	635	2.519	1.155	0	4
出资收益特征						
收益率	2015年实际出资收益率（%）	635	4.555	1.232	2	8
预期获得借款	是=1; 否=0	635	0.334	0.472	0	1
激励方式	是否承诺保底或固定收益（是=1; 否=0）	635	0.742	0.437	0	1
社员个人特征						
社员身份	普通社员=0; 核心社员=1;	635	0.187	0.391	0	1
年龄	社员的实际年龄（岁）	635	51.27	8.359	24	70
受教育年限	小学=1; 初中=2; 高中=3; 中专=4; 大专=5; 本科=6; 研究生及以上=7;	635	2.340	1.028	1	6
融资约束	无约束=1; 部分约束=2; 完全约束=3;	635	1.745	0.668	1	3
家庭特征						
家庭纯收入	2016年家庭纯收入（万元）	635	12.85	18.58	0.100	150
合作社特征						
对理事长信任程度	很不信任=1; 不信任=2; 一般=3; 信任=4; 很信任=5;	635	4.317	0.790	1	5
"基本股金"模式	"基本股金"模式=1; 其他=0;	635	0.348	0.476	0	1
"无池化"模式	"无池化"模式=1; 其他=0;	635	0.401	0.491	0	1

的合作社内信用合作出资收益率低于 2015 年银行一年期存款基准利率，这说明出资收益率因素也可能是影响社员对合作社内信用合作出资行为的重要因素。从预期获得借款因素来看，有 33.4% 的社员对能够从合作社内信用合作活动中获得借款持肯定态度，这表明能否从合作社内信用合作活动中获得借款也会对部分社员的出资行为造成影响。

5.3.2　描述性分析

（1）社员对信用合作四项基本权利的认知（见表 5-4）。由表 5-4 可知，相对于其他三项基本权利认知，无论是普通社员还是核心社员对于信用合作的非营利性认知都较低。同时，相对于核心社员，普通社员的四项基本权利认知均低于显著核心社员。最后，普通社员对于信用合作的非营利性认知均值只有 0.498。

表 5-4　社员对信用合作四项基本权利认知

社员特征	单项认知				总认知
	自愿性	民主性	互助性	非营利性	
核心社员（N=119）	0.942 (0.265)	0.931 (0.266)	0.928 (0.401)	0.923 (0.342)	3.724 (0.867)
普通社员（N=516）	0.536 (0.499)	0.655 (0.475)	0.552 (0.458)	0.498 (0.151)	2.241 (1.027)

（2）不同程度的信用合作权属认知与社员出资规模分析。由图 5-2 可知，随着社员对信用合作权属认知程度的提升，合作社社员和合作社内信用合作的累计出资规模也会呈现逐步增加趋势。这初步说明社员信用合作认知程度与其合作社内信用合作的出资行为产生了正向影响。

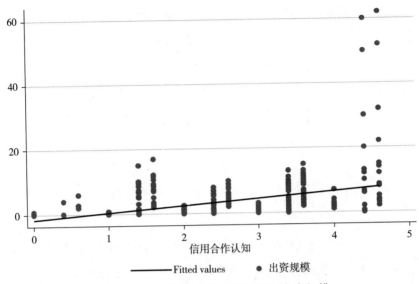

图 5-2　社员信用合作认知程度与出资规模

同时，为了比较不同社员身份对信用合作认知与出资决策的影响，本书进一步分析了不同社员身份下，信用合作认知与出资规模的差异（见表5-5）。

表 5-5　不同社员身份信用合作认知与出资规模

社员特征	样本量（N）	信用合作认知	出资规模（万元）
普通社员	516	2.241 (1.027)	2.424 (3.022)
核心社员	119	3.724 (0.867)	8.062 (12.856)
总样本	635	2.519 (1.155)	3.481 (6.559)

由表5-5可知，普通社员与核心社员在信用合作认知上具有显著差异，核心社员的平均认知程度要比普通社员的平均认知程度高1.483。同时，在出资规模上，核心社员的平均出资规模要

比普通社员的出资规模要高 5.638 万元。这说明社员身份可能会对社员的信用合作认知及出资行为产生影响。

5.4 实证检验

5.4.1 模型构建

为检验社员的信用合作认知因素对其合作社内信用合作出资行为的影响。本书构建实证分析如下：

$$In_i = \alpha_0 + \beta_1 Co_i + \gamma_i X_i + \delta_i \tag{5-2}$$

式 5-2 中 In_i 表示社员 i 在 2016 年度累计的出资额度，Co_i 表示社员 i 对信用合作的认知程度，若系数显著 β_1 为正，则假说 1 成立，反之则不成立。X_i 表示社员 i 出资收益特征、个人及家庭特征以及外部环境特征等控制变量，δ_i 表示未被本书观测到的随机扰动项。

5.4.2 共线性检验

由于激励方式与信用合作模式存在强烈的共线性问题，因此本书对激励方式指标做删除处理①。同时，考虑到选取的信用合作认知变量可能与出资收益特征、个人及家庭特征以及外部环境特

---

① 由政府试点的信用合作模式，均不承诺固定收益，而自发开展的信用合作模式，至少会承诺保底收益。

征变量之间存在多重共线性，本书使用方差膨胀因子（VIF）来进行变量之间的共线性检验。具体结果如表5-6所示。

表5-6 社员信用合作认知与出资行为多重共线性检验

变量	VIF	1/VIF	变量	VIF	1/VIF
信用合作认知	1.42	0.702	家庭纯收入	1.33	0.752
收益率	1.33	0.751	对理事长信任程度	1.09	0.916
预期获得借款	1.44	0.696	教育年限	1.21	0.826
社员身份	1.45	0.689	无池化模式	1.70	0.588
年龄	1.10	0.912	基本股金模式	1.85	0.540
融资约束	1.05	0.948			
Mean VIF			1.34		

一般情况下，0<VIF<10时表示解释变量之间不存在多重共线性，当VIF>10时，说明解释变量之间存在严重的共线性问题。由表5-6可知，各个解释变量的VIF值大部分不超过1.5，且平均VIF值只有1.34，表明变量之间不存在共线性问题。

5.4.3 社员信用合作认知程度与出资行为

本书采用Stata 13.0软件，先使用OLS模型进行初步检验，然后考虑到被解释变量存在一定程度的0值归并问题，本书使用Tobit模型进行进一步检验，具体实证结果如表5-7所示。

表 5-7 信用合作认知程度与社员出资行为回归结果

变量	OLS 模型		Tobit 模型	
	系数	标准误	系数	标准误
信用合作认知程度	0.588 ***	(0.194)	0.700 ***	(0.196)
收益率	1.003 ***	(0.166)	1.049 ***	(0.167)
预期获得借款	3.678 ***	(0.450)	3.678 ***	(0.451)
社员身份	1.484 ***	(0.546)	1.398 **	(0.548)
年龄	0.022	(0.022)	0.022	(0.022)
受教育年限	−0.324 **	(0.187)	−0.283	(0.188)
融资约束	0.632 **	(0.272)	0.704 **	(0.273)
家庭纯收入	0.154 ***	(0.011)	0.153 ***	(0.010)
对理事长信任程度	0.312	(0.234)	0.346	(0.236)
基本股金模式	−0.695	(0.506)	−0.633	(0.507)
无池化模式	−1.904 ***	(0.471)	−2.143 ***	(0.474)
截距项	−7.845 ***	(1.922)	−8.718 ***	1.945
样本量	635		635	
R-squared	0.545			
Sigma			4.471	(0.127)

注：*** 表示在1%显著性水平下显著，** 表示在5%显著性水平下显著，* 表示在10%显著性水平下显著。

由表 5-7 可知，无论是 OLS 模型还是 Tobit 模型，信用合作认知对社员出资行为均在 1% 显著性水平呈现正向影响，这说明社员信用合作认知程度越高越有利于社员对合作社内信用合作活动出资。

从控制变量回归结果来看，收益率以及是否预期获得借款等收益特征均在 1% 显著性下显著，这说明合作社内信用合作的直接收益激励以及间接收益激励方式均会对社员合作社内信用合作的出资行为产生显著影响。从社员个人特征来看，社员身份以及融资约束程度，亦在1%显著性水平下显著。这说明相对于普通社员，核心社员的出资积极性更高。相对于没有受到融资约束的社员而言，受到融资约束的社员更期望通过积极出资等方式，获得未来获得借款的可能性。最后，社员家庭纯收入规模因素也会对社员的合作社内信用合作出资规模产生显著影响，说明家庭纯收入越高，社员对合作社内信用合作的出资能力也就越强。同时，"无池化"模式因素对社员行为影响显著为负，说明与具有保底收益的混合或机构模式相比，"分红不分息"的激励方式不利于提升社员对合作社内信用合作的出资积极性。

5.4.4 不同信用合作认知维度与出资行为

在对社员权属认知与其出资行为实证分析的基础上，本书试图进一步探讨不同信用合作权属认知维度对社员出资行为的影响。例如孙亚范等（2012）对社员入股出资意愿的研究中指出，社员不同维度的合作认知因素对其入股出资意愿影响具有差异性。依据表5-1对社员参与信用合作几项基本权属认知的测量，即自愿性权属认知、民主性权属认知、互助性权属认知以及非营利性权属认知，基于Tobit模型使用Stata 13.0软件，分别进一步实证探讨社员4项信用合作权属认知因素对其合作社内信用合作出资行为的影响，具体实证结果如表5-8所示。

表5-8　不同信用合作认知维度与社员出资行为

变量	(1)	(2)	(3)	(4)
	自愿性	民主性	互助性	非营利性
自愿性	2.537 *** (0.804)			

变量	（1）	（2）	（3）	（4）
	自愿性	民主性	互助性	非营利性
民主性		1.209***		
		(0.400)		
互助性			1.457***	
			(0.408)	
非营利性				0.457
				(0.415)
收益率	1.012***	1.025***	1.015***	1.021***
	(0.167)	(0.167)	(0.167)	(0.168)
预期获得借款	4.056***	3.956***	3.882***	4.003***
	(0.437)	(0.439)	(0.440)	(0.445)
社员身份	1.205**	1.726***	1.672***	2.106***
	(0.592)	(0.525)	(0.521)	(0.511)
年龄	0.0216	0.0219	0.0269	0.0227
	(0.0223)	(0.0223)	(0.0223)	(0.0225)
受教育年限	−0.301	−0.222	−0.257	−0.254
	(0.189)	(0.188)	(0.188)	(0.189)
融资约束	0.588**	0.770***	0.669**	0.613**
	(0.273)	(0.276)	(0.273)	(0.276)
家庭纯收入	0.148***	0.154***	0.154***	0.150***
	(0.0108)	(0.0109)	(0.0108)	(0.0108)
对理事长信任程度	0.353	0.296	0.371	0.387
	(0.236)	(0.238)	(0.236)	(0.238)
"基本股金"模式	−0.834*	−0.834*	−0.751	−0.839*
	(0.503)	(0.504)	(0.504)	(0.507)
"无池化"模式	−2.434***	−2.402***	−2.486***	−2.347***
	(0.470)	(0.470)	(0.470)	(0.473)
截距项	−7.870***	−7.637***	−8.041***	−7.341***
	(1.910)	(1.905)	(1.911)	(1.915)
样本量	635	635	635	635

续表

变量	（1） 自愿性	（2） 民主性	（3） 互助性	（4） 非营利性
Sigma	4.474 (0.127)	4.477 (0.127)	4.469 (1.127)	4.506 (0.128)

注：*** 表示在1%显著性水平下显著，** 表示在5%显著性水平下显著，* 表示在10%显著性水平下显著，括号内的数值为标准误。

由表5-8可知，自愿性认知、民主性以及互助性权属认知因素均在1%显著性水平下显著，这说明社员对参与合作社内信用合作所拥有的自愿性认知、民主性以及互助性权利越了解，越能够降低社员对信用合作出资风险的感知程度，进而促进社员出资。从具体权利维度来看，自愿性认知代表社员参与信用合作时具有退出的权利，降低了社员参与信用合作时面临风险的程度。民主性认知代表社员具有参与合作社内信用合作监督的权利，抑制了管理者的道德风险，提升了社员的资金安全。同时，互助性认知表明信用合作资金的使用边界仅限于成员之间，能够降低资金投资到其他领域所导致的风险。最后，非营利性认知对于社员出资行为影响不显著，可能的原因在于社员作为自利性的理性人，以"服务社员为目标"的非营利性原则，不利于提升社员的出资积极性。

5.5 异质性分析

5.5.1 不同信用合作模式下社员信用合作认知与出资行为

为了进一步检验社员信用合作权属认知程度对其合作社内信用合作出资规模的影响，本书将调查样本依据信用合作模式分为

"内生"模式①、"基本股金"模式以及"无池化"模式，并分别对不同信用合作模式的子样本进行 Tobit 回归，实证结果如表 5-9 所示。

表 5-9　不同信用合作模式下信用合作认知与社员出资行为

变量	"内生"模式		"基本股金"模式		"无池化"模式	
	系数	标准误	系数	标准误	系数	标准误
信用合作认知	0.837 *	(0.455)	0.943 **	(0.429)	0.372 ***	(0.045)
收益率	0.271	(0.388)	1.730 ***	(0.361)	0.018	(0.047)
预期获得借款	5.203 ***	(0.938)	3.792 ***	(0.975)	1.033 ***	(0.126)
社员身份	2.238 *	(1.189)	1.423	(1.207)	0.464 ***	(0.135)
年龄	0.021	(0.052)	-0.002	(0.054)	-0.006	(0.004)
受教育年限	-0.413	(0.472)	-0.596	(0.412)	-0.007	(0.044)
融资约束	0.849	(0.621)	0.408	(0.595)	0.221 ***	(0.069)
家庭纯收入	0.150 ***	(0.023)	0.134 ***	(0.018)	0.004	(0.007)
对理事长信任程度	0.425	(0.546)	0.401	(0.505)	0.026	(0.059)
截距项	-7.007	(4.518)	-11.053 **	(4.347)	-0.441	(0.507)
样本量	159		221		255	
Sigma	5.044	0.282	5.577	0.265	0.666	0.030

注：*** 表示在1%显著性水平下显著，** 表示在5%显著性水平下显著，* 表示在10%显著性水平下显著。

由表 5-9 可知，在不同信用合作模式下，信用认知因素依然会对社员合作社内信用合作出资规模产生显著影响。同时，从三种模式下信用合作认知对合作社内信用合作社员出资规模的边际

① 本章的"内生"模式包括第4章模式总结中的"混合"模式和"机构"模式，之所以做合并，原因在于"混合"模式和"机构"模式的主要区别在于治理机制上的差异，在社员出资激励上差异性不大，均以承诺固定（保底）收益为主要特征。

影响程度来看，"无池化"模式下，信用合作认识因素对社员信用合作出资行为的影响最小。这说明，政府规制因素在一定程度上影响了信用合作认知因素对社员出资行为的影响。从收益率因素来看，"内生"模式和"无池化"模式下，收益率对社员的出资行为影响均不显著，可能的原因在于，"内生"模式和"无池化"模式下，收益率变化差异性不大，导致影响不显著。从预期获得借款因素来看，"内生"模式下，参与信用合作社员更看重是否获得借款这一间接收益因素，这说明对于合作社自发开展的信用合作，其主要激励来源于是否能够缓解其融资约束，进而对生产合作盈余的增加。从社员身份因素来看，相对于普通社员，核心社员依然更有资金实力参与合作社内信用合作出资。从家庭纯收入因素来看，家庭收入水平对社员出资决策具有正向影响，这说明社员家庭收入水平越高，越有可能向合作社内信用合作出资。

5.5.2 不同地域下社员信用合作认知与出资行为

在不同信用合作模式的子样本回归基础上，本书对不同地域下社员信用合作认知及其合作社内信用合作出资行为，进行了进一步的实证比较分析，实证结果如表5-10所示。

表5-10 不同地域下信用合作认知与社员出资行为

变量	江苏地区		山东地区	
	系数	标准误	系数	标准误
信用合作认知	0.968***	(0.363)	0.361***	(0.040)
收益率	1.138***	(0.298)	0.027	(0.041)
预期获得借款	4.857***	(0.788)	1.059***	(0.112)

续表

变量	江苏地区		山东地区	
	系数	标准误	系数	标准误
社员身份	2.123**	(1.012)	0.465***	(0.116)
年龄	0.011	(0.045)	-0.004	(0.004)
受教育年限	-0.501*	(0.346)	-0.015	(0.041)
融资约束	0.639	(0.492)	0.229***	(0.061)
家庭纯收入	0.146***	(0.014)	0.003	(0.006)
对理事长信任程度	0.457	(0.429)	0.013	(0.053)
"基本股金"模式	-0.853	(0.730)		
"无池化"模式			-1.692***	(0.103)
截距项	-9.422*	(3.656)	1.288***	(0.452)
样本量	291		344	
Sigma	5.771	0.224	0.641	0.026

注：*** 表示在1%显著性水平下显著，** 表示在5%显著性水平下显著，* 表示在10%显著性水平下显著。

由表5-10可知，在不同地域样本中，社员信用合作认知程度对其合作社内信用合作的影响依然显著。同时，与山东地区相比，江苏地区社员信用合作认知程度与其信用合作出资行为边际影响更大，可能的原因在于江苏地区人均收入水平更高，有利于社员认知因素对其信用合作出资行为的促进。从控制变量因素来看，收益率因素都影响为正，但山东地区影响不显著，而预期获得借款因素依然都显著，且江苏地区预期获得借款因素对社员出资行为的影响更大，这说明江苏地区社员为获得信用合作借款而出资的行为更明显。从社员身份来看，核心社员相对于普通社员出资更多。更进一步地，社员家庭纯收入因素在山东地区影响不显著，可能的原因在于，山东地区社员收入差异性不大，导致影响不显著。最后，从信用合作模式来看，"无池化"模式对合作社内信用合作社员出资具有显著的抑制作用，这与表5-8的异质性分析结果是一致的，即"无池化"模式下的"分红不分息"收益方式，抑制了社员参与合作社内信用合作出资的积极性。

5.6 信用合作认知程度与社员出资行为机制分析

在上述对不同信用合作认知维度以及不同地区和信用合作模式实证分析的基础上，本书试图进一步探讨信用合作权属认知通过信用合作风险感知对其出资行为的影响作用机制。依据问卷调研中的"您认为参与合作社农资赊购或借钱（资金互助）等活动的风险程度？（1. 没有；2. 有一点；3. 一般；4. 较大；5. 很大）"，本书试图测量社员对参与合作社内信用合作的风险感知评价程度。然后，参考 Baron（1983）提出的"中介效应"模型，构建作用机制模型如下：

$$In_i = \alpha_0 + \beta_1 Co_i + \delta_0 \tag{5-3}$$

$$Risk_i = \alpha_1 + \beta_2 Co_i + \delta_1 \tag{5-4}$$

$$In_i = \alpha_2 + \beta_3 Co_i + \beta_4 Risk_i + \delta_2 \tag{5-5}$$

式（5-4）中，$Risk$ 为中介变量，表示为社员对参与合作社内信用合作风险感知评价程度，社员信用合作权属认知程度 Co 通过信用合作风险感知程度 $Risk$ 对其出资行为 In 产生影响即为中介效应。具体实证结果如表5-11所示。

表 5-11 社员信用合作认知与出资行为中介效应检验

变量	出资规模		信用合作风险感知		出资规模	
	系数	标准误	系数	标准误	系数	标准误
信用合作认知	0.700 ***	(0.196)	-0.242 ***	(0.0266)	0.343 *	(0.204)
信用合作风险感知					-1.517 ***	(0.289)
控制变量	yes		yes		yes	
截距项	-8.718 ***	(1.945)	4.414 ***	(0.264)	-2.108	(2.288)
样本量	635		635		635	
Sgima	4.471	0.127	0.612	0.017	4.389	0.125

注：*** 表示在 1% 显著性水平下显著，** 表示在 5% 显著性水平下显著，* 表示在 10% 显著性水平下显著。

由表 5-11 可知，社员信用合作权属认知程度在 1% 显著性水平下对信用合作风险感知具有显著影响，社员对信用合作权属认知程度越高，越有利于降低社员对信用合作的风险感知评价。同时，在将信用合作认知因素和信用合作风险感知同时纳入对社员出资规模的实证模型中，结果显示社员信用合作认知程度在 10% 显著性水平下依然显著，但回归系数由 0.7 减小为 0.343，同时信用合作风险感知在 1% 显著性水平下负向显著，这说明中介效应显著存在，即社员对信用合作权属的认知程度将会通过降低社员对信用合作的风险感知评价，进而促进社员对信用合作出资的积极性。

5.7　本章小结

信用合作出资达成作为合作社内信用合作达成的一个重要维度，本章基于社员信用合作认知维度，重点实证分析了社员对信用合作的权属认知程度对其出资行为达成的影响。通过样本的描述性分析和实证检验，得出如下结论：

首先，当前合作社内信用合作社员出资行为具有显著差异，部分社员出资积极性不高，这可能是部分合作社难以实现信用合作达成的重要原因。同时，从社员信用合作权属认知程度和出资规模维度来看，权属认知因素与出资规模具有一定正相关性。

其次，从实证结果来看，社员的信用合作认知程度对社员的合作社内信用合作出资规模具有显著正向影响。这就意味着，社员信用合作权属认知因素，有利于出资行为的达成，进而有利于信用合作达成的实现。在异质性分析下，"无池化"模式对社员信用合作认知与其信用合作出资行为的影响抑制作用最明显，进而导致了信用合作达成的不可实现。可能的原因在于相对于"分红不分息"收益方式，保底收益或固定收益方式，更能够降低社员对合作社内信用合作出资收益的风险感知。同时，相对于山东地区，提升江苏地区社员对信用合作认知水平，更有利于社员参与信用合作出资。

最后，社员信用合作权属认知因素主要是通过对参与信用合作的风险感知评价来对社员的信用合作出资行为产生作用，进而影响了合作社内信用合作的达成。

6 合作社内信用合作达成之借款行为分析

6.1 引言

信用合作借款行为的实现是合作社内信用合作达成的另一个重要维度。传统的金融理论认为，农业产业自身的弱质性以及农户缺乏合规的抵押品等因素是导致农户受到以农村商业银行为代表的正规金融机构信贷约束的重要原因（周立，2007）。究其深层次原因，关键在于以农村商业银行为代表的正规金融机构，缺乏有效的制约措施来降低农户可能存在的道德风险。因此，合作社内开展信用合作能否有效降低社员（农户）的道德风险，是其能否有效实现信用合作借款行为达成的关键。基于此，本章将通过互联性交易和声誉理论，分析社员与合作社之间的生产合作关系，对实现信用合作借款达成的理论逻辑。

6.2 研究分析框架

　　农民专业合作社本质上是同类农产品的生产经营或者同类型农业生产经营服务的提供者、利用者，资源联合、民主管理的合作组织。由此来看，农民专业合作社在信用合作之前，社员与合作社之间必然已存在至少一种类型的生产合作关系。事实上，这种生产合作关系，为社员与合作社之间的信用合作借贷行为达成提供了信息基础和约束基础，而信用合作的借贷行为往往也是以生产合作性借贷需求为前提的。基于此，本节将首先分析在合作社内开展信用合作与生产合作之间所具有的互联性关系，然后再分析社员与合作社之间的生产合作声誉效应对合作社内信用合作道德风险的作用机制。

6.2.1 生产合作与信用合作的互联性特征

　　互联性交易是指将不同市场的交易行为和交易条款相互联结，形成相互关联的契约治理形式（Bell，1989）。这种相互关联的治理形式在农业经济生产和社区治理上普遍存在。例如，陈奕山等（2017）在解释土地流转中零租金现象中指出，土地流转契约的零租金源于土地转入户与土地转出户之间，在人情往来契约上存在人情租金。人情租金的存在，是导致土地流转契约存在零租金的重要原因。米运生等（2016）在"公司+农户"生产模式中指出，生产合作声誉资本将使贷款者能够通过产品市场对借款者施加约束。罗必良（2009）以及青木昌彦（2002）均在村庄社区治理中指出，社区成员之间存在的多重合作关系，将会有利于社区成员之间在生产合作上的实现。王永钦（2006）认为互联的关系型合约，对中国经济转型的成功具有重要推动作用。

　　合作社内信用合作的治理也具有这种互联性特征。一方面，合作社内信用合作的开展是以解决社员在农业生产经营上的融资困境为前提条件，因此合作社内信用合作的开展将会有利于社员与合作社之间存在的生产经营关系进一步发展；另一方面，社员与合作社之间的生产合作提升了社员的还款能力，有利于合作社内信用合作契约的达成。更进一步地，社员与合作社之间信用合作借款契约的达成，也往往会使社员拥有的农产品、农业机械以及农地等非正规抵押品成为隐性抵押品。最后，以商业信用（例如农资等生产资料赊购）为载体的信用合作行为，将会有利于社员与合作社之间的信用合作直接成为推动社员与合作社之间生产的工具。因此，总的来看，以生产合作为基础的信用合作行为，往往与生产合作关系是紧密相连的。

6.2.2　生产合作声誉效应与信用合作借款达成

　　声誉效应（理论）源于交易双方在长期交易过程中形成的交易信息，而声誉的约束是交易双方未来交易活动产生的总收益在当期的贴现（Krpes，1982）。声誉效应发挥作用的途径主要包括信息传递作用和资产增值作用（Tadelis，1998；Akerlof，1970）。

　　社员与合作社之间存在长期生产合作关系也会发挥声誉效应。一方面，社员与合作社之间长期存在的合作关系反映了社员的信用程度，有利于合作社对参与信用合作借款申请的社员信用进行评估，进而避免事前的逆向选择行为；另一方面，在社员与合作社之间达成信用合作借款契约之后，社员与合作社之间的生产合作关系将会对社员信用合作的事后道德风险产生抑制（见图6-1）。具体来看，社员与合作社之间的生产合作关系越紧密，社员未来与合作社之间在生产合作上的预期收益将会越多，那么社员在信用合作借款行为上采取违约的机会主义成本也就越多，合作社通过冷酷战略（如永久终止与社员之间的生产合作关系等）对社员信用合作道德风险的抑制程度也就越强。因此，总的来看，社员与合作社之间在生产合作关系的"深度"（与合作社交易频率）和"广度"（生产合作种类数）都会通过声誉效应对社员与合作社之间的信用合作借款行为产生影响。

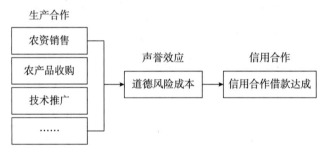

图6-1 生产合作声誉效应与信用合作借款达成

6.3 指标选取及描述分析

6.3.1 指标选取

（1）被解释变量。本章的核心被解释变量为社员合作社内信用合作信贷可得性，合作社内信用合作信贷可得性是指社员在有需求前提下，能够从合作社内信用合作获得贷款的能力。已有研究对农户（或个体）信贷可得性的界定和度量各有不同，例如有学者利用是否受到信贷约束或信贷配给（张兵等，2012；黄惠春，2015）作为信贷可得性衡量指标来研究农村非正规金融是否提高农户信贷可得性，还有部分学者使用"是否申请、是否获得以及是否受到融资约束"等二元变量作为农户（或个体）信贷可得性的代理变量（米运生，2017；侯建昀，2016），最后更多的学者使用信贷资金获得额作为农户信贷可得性的代理变量（汪昌云，2014；彭克强，2016）。参考已有研究，结合本书的研究对象特征，本章选取社员获得合作社内信用合作借款额度作为社员合作社内信用合作信贷可得性指标。

（2）核心解释变量。本章的核心解释主要包括社员与合作社之间的生产合作交易频率和生产合作交易种类数。生产合作交易频率是指社员在 2016 年与合作社之间在生产合作交易频率的高低，在问卷设计中分别使用"1、2、3、4、5"指代"交易频率很低、交易频率较低、交易频率一般、交易频率较高、交易频率很高"。

生产合作交易种类数是指社员参与合作社的服务功能种类数。参考已有研究对合作社服务功能和种类数的划分（黄祖辉，2012；毛飞，2014；黄季焜，2010），本章选取"是否参与种苗供应、是否参与生产资料团购、是否参与农产品团销、是否参与技术指导、是否使用合作社商标或品牌以及是否利用合作社冷库等其他服务"作为社员参与合作社服务功能的衡量指标。最后，参考已有研究（黄祖辉，2012；黄季焜，2010），依据 6 项测量问题，将社员参与合作社的服务功能种类数进行累加。具体测量公式如下：

$$Specy_i = \Sigma Z_{ij} \qquad\qquad (6-1)$$

式（6-1）中，$i = 1$，2，$\cdots$，n，表示第 i 个社员；$j = 1$，2，3，4，5，6，分别表示对社员 6 项服务功能的参与情况；$Specy_i$ 表示第 i 个社员参与合作社的服务功能种类数，并且 $Specy_i = \{1$，2，3，4，5，$6\}$；Z_{ij} 表示第 i 个社员对 j 项服务功能的参与情况，若参与则取值为 1，否则取值为 0。

（3）其他控制变量。参考已有对农户信贷可得性的研究（何广文，2018；董晓林，2014；米运生，2017），本章选取的控制变量有借款合约特征、个人特征、家庭特征、生产与合作特征五个方面，其中合约特征包括借款利率、借款期限以及是否抵押或担保等因素，个人特征包括户主年龄、受教育程度、是否村干部以及风险偏好等因素，家庭特征包括家庭纯收入、劳动力占比等因素，生产与合作特征包括社员身份、参与合作社时间、到合作社距离以及农业总产值等指标。

基于前文的理论分析以及已有研究对社员（农户）信贷可得性的相关指标的梳理，本节在重点讨论社员与合作社生产合作交易频率和交易种类对其信贷可得性影响的基础上，也对信用合作的合约特征、户主个人特征、家庭特征以及生产与合作特征进行了描述性分析，具体统计结果见表6-1。

由表6-1可知，635 份社员问卷中，有 250 户社员 2016 年申请了合作社内信用合作资金借款，占总样本的39.37%，这说明当前已开展合作社内信用合作的合作社社员已有相当比例获得了信用合作借款。从借款合约特征来看，已发生合作社内信用合作活动的借款平均借款年利率为 9.027%，平均借款期限为 7.728 个月，有 53.2%的借款合约要求提供担保或者抵押。从平均借款额

表6-1 生产合作声誉效应与信用合作借款达成变量选择及描述性分析

变量选择		含义及赋值	样本量	均值	标准差	最小值	最大值
被解释变量	申请借款	是否申请借款（1=是；0=否）	635	0.394	0.489	0	1
	借款额度	2016年最大获得借款额（万元）	250	5.41	13.655	0	45
核心解释变量	生产合作交易频率	很低=1；较低=2；一般=3；较高=4；很高=5	635	2.847	1.429	1	5
	生产合作交易种类	对合作社"种苗供应，农资团购，农产品团销"等6项是否参与	635	2.597	1.496	1	6
户主特征	年龄	社员实际年龄（岁）	635	51.27	8.359	24	70
	受教育程度	小学=1；初中=2；高中=3；中专=4；大专=5；本科=6；研究生及以上=7	635	2.340	1.028	1	6
	风险偏好	风险规避=1；风险中立=2；风险偏好=3	635	1.877	0.872	1	3
	是否村干部	是=1；否=0	635	0.0961	0.295	0	1
家庭特征	家庭纯收入	2016年家庭纯收入（万元）	635	12.85	18.58	0.100	150
	劳动力占比	劳动力人口数/家庭人口	635	0.660	0.231	0	1

续表

变量选择	含义及赋值	样本量	均值	标准差	最小值	最大值
银行借款	近五年内家庭是否获得银行贷款（1＝是；0＝否）	635	0.143	0.351	0	1
生产与合作特征						
社员身份	普通社员＝0；核心社员＝1	635	0.187	0.391	0	1
农业总产值	2016年农业生产总价值（万元）	635	33.858	44.651	0.020	350
参与合作年限	加入合作社的时间（年）	635	6.764	3.007	1	17
到合作社距离	家庭到合作社距离（里）	635	2.008	5.251	0	50
养殖类	养殖类＝1；其他＝0	635	0.244	0.429	0	1
林木类	林木类＝1；其他＝0	635	0.071	0.256	0	1
"无池化"模式	"无池化"模式＝1；其他＝0	635	0.401	0.491	0	1
"基本股金"模式	"基本股金"模式＝1；其他＝0	635	0.348	0.476	0	1
借款合约特征						
借款利率	合作社内借款利率（%）	250	9.027	2.271	3.200	15.80
借款期限	还款周期（月）	250	7.728	2.191	3	12
抵押或担保	是＝1；否＝0	250	0.532	0.500	0	1

度来看，获得借款的社员平均借款规模为 5.41 万元，标准差为 13.655，这说明已获得借款的社员之间借款额度差异较大。从交易频率和交易种类数来看，当前合作社与社员之间的交易频率处于中等偏下水平，交易种类数也只处于 2 种与 3 种之间。

6.3.2 描述性分析

（1）不同生产合作交易频率、交易种类数与社员信用合作信贷可得性。通过对获得合作社内信用合作借款的子样本，按照不同交易频率对社员信用合作信贷可得性进行描述性分析，结果如图 6-2 所示。

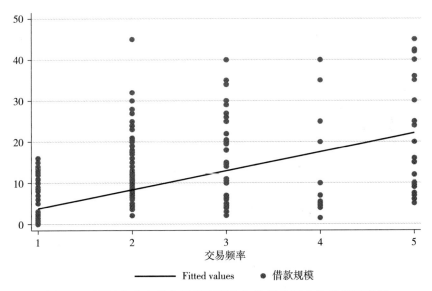

图 6-2 不同生产合作交易频率程度与社员信用合作信贷可得性

由图 6-2 可知，随着社员与合作社之间交易频率的增加，社员合作社内信用合作信贷可得性也呈现出递增的趋势。这初步说明社员与合作社之间生产合作交易频率越高，声誉机制发挥的作用就越明显,因此越有利于社员合作社内信用合作信贷可获性的提升。

通过按照社员不同生产合作交易种类数,对社员信用合作信贷可得性进行描述性分析,结果如图6-3所示。

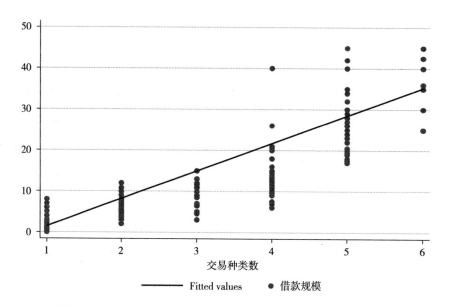

图6-3 不同生产合作交易种类数与社员信用合作信贷可得性

在分析交易频率与社员信贷规模的基础上,我们进一步讨论了社员与合作社之间交易种类数的增加与其信贷可得性之间的关系。由图6-3可知,随着社员与合作社之间交易种类数的增加,社员在合作社内信用合作的信贷规模也呈现增加趋势。这初步说明社员与合作社之间生产合作种类数越多,声誉机制发挥的作用也就有效,越有利于社员合作社内信用合作信贷可得性的提升。

(2)不同社员身份的生产合作交易频率、交易种类数与信贷可得性分析。在以上分析的基础上,我们进一步对不同社员身份的交易频率、交易种类数以及社员信贷规模进行了分析，具体分析结果如表6-2所示。

表6-2　不同社员身份下生产合作交易频率和种类数与信贷可得性分析

社员属性	样本量（N）	交易频率	交易种类	样本量（N）	借款规模（万元）
普通社员	516	2.614 （1.365）	2.120 （1.100）	167	2.351 （6.842）
核心社员	119	3.861 （1.293）	4.667 （1.019）	83	11.565 （8.871）
总样本	635	2.847 （1.429）	2.597 （1.496）	250	5.41 （13.655）

由表6-2可知，核心社员与普通社员之间在交易频率、交易种类数以及信贷规模上均表现出显著差异。同时，从不同社员身份之间比较分析也可以看出，交易频率和交易种类数与社员信贷规模之间存在一定正向关系。

6.4　实证检验

6.4.1　实证模型构建

社员的合作社内信用合作信贷可得行为的前提条件在于社员是否申请，如果不考虑社员的借款申请行为，可能会存在样本选择偏差。因此，为了解决可能存在的样本选择偏差问题，本章选择使用 Heckman 两阶段样本选择模型来进行实证分析。具体实证模型如下：

首先，第一阶段用 Probit 模型估计社员向合作社内信用合作申请贷款的概率，具体模型如下：

$$P_t^* = \alpha + \beta X_{t1} + \varepsilon_t, \ P_t = 1 \text{ if } P_t^* > 0, \ 0 \text{ otherwise} \quad (6\text{-}2)$$

在第一阶段选择方程中，P_t 表示社员是否向合作社内信用合作申请借款。如果申请，则 $P_t = 1$，否则 $P_t = 0$。P_t^* 表示为 P_t 的潜变量。X_{t1} 表示影响社员向合作社内信用合作申请借款的因素，具体包括户主特征、家庭特征以及生产合作特征。

在第二阶段方程中，利用 $P_t = 1$ 的选择样本，来实证估计生产合作特征声誉机制对社员合作社内信用合作信贷可得性的影响。具体实证模型如下：

$$\text{loan}_{t2} = \delta_1 freq_t + \delta_2 specy_t + \phi_i X_{it} + \lambda_t + \mu_t \quad\quad (6\text{-}3)$$

式（6-3）中 λ_t 表示由第一阶段方程估算出的逆米尔斯比率，若其显著，则样本存在选择性偏差假定成立，可以使用 Heckman 两阶段模型进行估算。loan_{t2}、$freq_t$ 以及 $specy_t$ 分别表示社员信用合作借款规模、社员与合作社之间的交易频率以及交易种类数，X_{it} 表示影响社员信用合作借款规模的其他控制变量，若 δ_1 和 δ_2 均显著为正，则假说 2 和假说 3 成立。

6.4.2 实证结果分析

在上述模型构建的基础上，本章利用 Stata 13 软件进行了 Heckman 两阶段实证模型的回归。实证结果如表 6-3 所示。

表 6-3 社员生产合作交易频率与交易种类和信用合作信贷可得性

变量	第一阶段：申请选择模型		第二阶段：借款模型	
	系数	标准误	系数	标准误
生产合作交易频率	0.399 ***	(0.051)	1.333 ***	(0.349)
生产合作交易种类	0.659 ***	(0.066)	1.014 ***	(0.338)
户主年龄	−0.007	(0.007)	0.016	(0.043)
受教育程度	0.120 *	(0.068)	0.967 **	(0.381)
风险偏好	0.483 ***	(0.089)	−0.477	(0.721)
社员身份	0.488 *	(0.254)	4.429 ***	(1.303)
家庭纯收入	−0.002	(0.004)	0.846 ***	(0.037)
劳动力占比	0.431 *	(0.261)	−0.050	(1.490)
银行借款	0.214	(0.247)	2.261 *	(1.277)
与合作社距离	−0.008	(0.013)	0.039	(0.064)
农业产值	0.001	(0.001)		
参与合作社时间	0.001	(0.021)		
养殖类	−0.174	(0.151)		
林木类	0.119	(0.246)		
"无池化"模式	−0.581 ***	(0.159)		
"基本股金"模式	−1.305 ***	(0.176)		
借款利率			−0.873 ***	(0.259)
借款期限			−0.222	(0.253)
是否担保或抵押			−0.074	(1.127)
截距项	1.085 *	(0.598)	1.650	(4.348)
athrho	−0.454 **		(0.216)	
lnsigma	1.673 ***		(0.059)	
LR test of indep. eqns.（rho = 0）：	chi2（1）= 14.68		Prob > chi2 = 0.0001	
样本量（Observations）		635		

注：*** 表示在 1% 显著性水平下显著，** 表示在 5% 显著性水平下显著，* 表示在 10% 显著性水平下显著，下同。

由表6-3可知，释然比检验在1%水平下显著，显示可以拒绝原假设，即可以使用样本选择模型。

同时，从实证结果可以得出以下结论：第一，无论是生产合作交易频率还是生产合作交易种类数对社员获得合作社内信用合作的借款均在1%显著性水平下显著，这说明社员与合作社之间生产合作交易频率越高、交易类型越多，由生产合作特征发挥的声誉机制越明显，越有利于社员从合作社内信用合作获得借款。第二，从户主特征来看，社员的受教育程度、社员身份也对社员获得合作社内信用合作借款具有显著性影响。这说明社员的受教育程度越高，可能会对合作社内信用合作的权属认知程度越高，因此有利于借款行为的实现。同时，从社员身份变量可以看出，与普通社员相比，核心社员更容易从合作社内信用合作获得借款。第三，从家庭特征和合约特征来看，家庭的财富因素以及从银行获得贷款的经历也会对社员合作社内信用合作信贷可得性产生显著影响，这说明除了生产合作特征的声誉机制能够起到抵押品替代机制的作用之外，其他能够降低社员信用风险的因素依然被合作社看重。同时，借款利率因素对社员合作社内信用合作信贷起到显著抑制作用，这说明借款成本因素也是社员在考虑是否从合作社内信用合作借款的关键因素之一。

6.5　稳健性检验

6.5.1　生产合作交易额度与社员信用合作借款

为了规避交易频率和交易种类数在衡量上可能存在的主观性

偏差，本章使用社员与合作社在 2016 年的生产合作交易额度作为生产合作声誉机制的代理变量。之所以选取交易额度作为声誉机制的代理变量，一方面原因在于生产合作交易额度衡量更加客观，另一方面社员与合作社之间的交易额度越大，社员对从合作社未来获得收益的预期也就越大，因此生产合作所能发挥声誉约束效应也就越大，因此使用生产合作交易额度来作为生产合作声誉机制的代理变量具有一定合理性。使用生产合作交易额度作为代理变量的具体实证结果如表 6-4 所示。

表 6-4 社员生产合作交易额度与合作社内信用合作信贷可得性

变量	第一阶段：申请选择模型		第二阶段：借款模型	
	系数	标准误	系数	标准误
生产合作交易额度	−0.001	(0.001)	0.038 ***	(0.008)
户主年龄	−0.002	(0.007)	0.028	(0.044)
受教育程度	0.034	(0.059)	0.652	(0.399)
风险偏好	0.308 ***	(0.076)	0.202	(0.724)
社员身份	0.522 **	(0.228)	4.094 ***	(1.369)
家庭纯收入	−0.001	(0.004)	0.849 ***	(0.038)
劳动力占比	0.451 *	(0.238)	0.311	(1.541)
银行借款	1.001 ***	(0.192)	4.450 ***	(1.538)
与合作社距离	−0.003	(0.010)	−0.001	(0.066)
农业产值	0.001	(0.001)		
参与合作社时间	−0.026	(0.010)		
养殖类	0.013	(0.127)		
林木类	0.187	(0.215)		
"无池化"模式	−0.565 ***	(0.140)		
"基本股金"模式	−1.066 ***	(0.156)		

续表

变量	第一阶段：申请选择模型		第二阶段：借款模型	
	系数	标准误	系数	标准误
借款利率			-0.456**	(0.233)
借款期限			-0.310	(0.245)
是否担保或抵押			2.150**	(1.083)
截距项	0.206	(0.517)	4.902	(4.344)
athrho	-0.773***		(0.235)	
lnsigma	1.763***		(0.083)	
LR test of indep. eqns. （rho= 0）： chi2（1）= 9.05 Prob > chi2 = 0.0026				
样本量		635		

注：*** 表示在1%显著性水平下显著，** 表示在5%显著性水平下显著，* 表示在10%显著性水平下显著。

由表6-4可知，在选取社员与合作社之间的交易额度作为声誉机制的代理变量之后，社员与合作社之间的生产合作特征的声誉效应依然能够显著发挥作用。同时，其他控制变量对社员在合作社内信用合作信贷可得性的影响结果也基本稳健。

6.5.2 信贷约束下生产合作与社员信用合作借款

信贷可得性是指社员在有需求的条件下，能够获得贷款的能力（Berger，2004；Cowan，2015）。直接使用社员合作社内信用合作借款规模作为合作社内信用合作信贷可得性的代理变量，可能存在一定程度的偏误。主要原因在于：一方面社员信用合作借款规模会受到其获得贷款能力的影响，另一方面也会受到社员借款需求规模的影响（梁爽，2014）。因此，为了规避直接使用借款规模导致的估计偏差，参考已有研究，本书使用"申请合作社内信用合作借款后是否能满足借款需求？"这个问题来识别申请借款后依然被约束的样本。若社员在申请合作社内信用合作借款后，仍未能满足其信贷需求，这说明其获得的借款规模能够反映其真实合作社内信用合作信贷可得性。同理，若社员在申请合作社内信用合作借款后，满足了其信贷需求，则借款规模就可能受到社员需求因素的影响。因此，通过上述问题，选取申请后仍受到信贷约束的样本，我们可以规避社员需求规模因素导致的对社员合作社内信用合作信贷可得性的测量偏差。由此，我们进行了有条件的约束回归，具体实证结果如表6-5所示。

表6-5　信贷约束下生产合作声誉机制与社员信用合作信贷可得性

变量	Tobit 模型		Tobit 模型	
	系数	标准误	系数	标准误
生产合作交易频率	0.882 **	(0.339)		
生产合作交易种类	1.115 **	(0.466)		
生产合作交易额度			0.0372 ***	(0.010)
户主年龄	−0.023	(0.057)	−0.033	(0.057)
受教育程度	0.232	(0.478)	0.168	(0.466)
风险偏好	−0.930	(0.812)	−0.284	(0.753)
社员身份	4.428 **	(1.783)	4.717 ***	(1.751)
家庭纯收入	0.875 ***	(0.059)	0.904 ***	(0.058)
劳动力占比	2.237	(1.721)	2.946 *	(1.702)
银行借款	2.192	(1.540)	2.301 *	(1.505)
与合作社距离	−0.008	(0.069)	0.002	(0.068)
农业产值	0.001	(0.001)	0.001	(0.001)
参与合作社时间	0.128	(0.129)	0.054	(0.131)
养殖类	2.187 **	(0.964)	2.638 ***	(0.952)

续表

变量	Tobit 模型		Tobit 模型	
	系数	标准误	系数	标准误
林木类	−0.654	(1.710)	−0.400	(1.705)
"无池化"模式	−2.615***	(0.991)	−2.329*	(0.982)
"基本股金"模式	−1.124	(1.272)	−1.259	(1.270)
截距项	−4.237	(3.939)	−0.658	(3.904)
Sigma	4.772	(0.285)	4.771	(0.286)
样本量	147		147	

注: *** 表示在1%显著性水平下显著,** 表示在5%显著性水平下显著,* 表示在10%显著性水平下显著。

由表6-5可知,在考虑了使用社员合作社内信用合作借款规模指标可能对社员合作社内信用合作信贷可得性的测量存在偏误之后,实证结果依然显著。这说明依靠社员与合作者之间存在的生产合作关系所产生的声誉机制,能够促进合作社内信用合作借款合约的达成,实现对社员合作社内信用合作信贷可得性的提升。同时,控制变量对社员在合作社内信用合作信贷可得性的影响结果也基本稳健。

6.6 本章小结

信用合作借款实现是合作社内信用合作达成的重要基础,因此本章重点分析了社员与合作社之间存在的生产合作关系,通过互联性交易和声誉机制,促进对信用合作借款行为的达成。基于上文的理论分析和实证结果,本章得出以下结论:

首先，社员与合作社之间的生产合作关系，是合作社内信用合作借款行为达成的重要条件，进而有利于合作社内信用合作的达成。

其次，虽然生产合作关系对于促进合作社内信用合作借款行为的达成具有重要作用，但是从不同社员身份来看，核心社员的平均借款规模要显著大于普通社员借款规模。

最后，从控制变量来看，借款利率因素、家庭财富因素等传统影响农户信贷可得性的指标，依然会影响社员合作社内信用合作借款行为的实现。

7 合作社内信用合作达成
治理机制与绩效分析

7.1　引言

在第 6 章中，本书重点分析了社员与合作社之间的业缘关系对合作社内信用合作借款行为达成的影响。研究显示，社员与合作社之间的业缘关系能够通过声誉机制，促进社员与合作社之间信用合作借款行为的实现。然而，由于核心社员与合作社之间的生产合作关系更加紧密，往往会导致合作社内信用合作信贷资源通过大额放贷等形式被核心社员群体所得，进而出现"精英俘获"等治理失效问题（兰永海等，2018）[①]，导致对服务社员"小额、分散"生产经营需求社会性目标的偏离。同时，部分获得开展信用合作资格的合作社，难以有效开展业务（聂左玲，2017），也同样对解决合作社社员融资难问题造成了不良影响。合作社内信用合作作为一种兼顾社会性使命的特殊组织，需要相应的治理

---

① 例如从表 6-2 可以看出，核心社员群体平均借款规模为 11.565 万元且获得了 70.97% 的信用合作信贷资源，而普通社员群体平均借款规模为 2.351 万元，但仅获得了 29.03% 的信用合作信贷资源。

结构与之匹配，才能有效实现组织目标（Armendáriz，2013；刘西川等，2014）。因此，如何从信用合作治理机制层面分析评价当前不同治理模式下合作社内信用合作运营绩效，对于合作社内信用合作未来的发展具有重要意义。

已有对信用合作组织治理的研究，例如陈东平等（2013）认为，农民互助组织存在非"民主治理"问题，究其原因主要在于成员之间在社会资本等要素上具有异质性。刘西川等（2014）认为，净借款者主导以及管理者内部控制等现象是成员主导型金融组织面临的主要治理问题，导致此问题的重要原因在于组织的治理结构未能与组织存在的治理问题进行有效匹配。高俊等（2016）认为，部分小微金融组织存在解体的制度风险，究其原因主要在于合作制的小微金融组织难以内部化外部性风险。孙同全（2018）认为，农民资金互助存在监管缺失与监管过度并存的问题，究其原因在于地方政府监管农民资金互助组织的成本收益与激励不匹配，进而导致过度监督或不监管现象的发生。

对于信用合作组织绩效的研究，陈东平等（2012）以贷款总额和社员总数作为支农绩效的代理变量，探讨外部政府规制因素、竞争环境因素以及社员评价因素对农民资金互助组织支农绩效的影响。曲小刚等（2013）分别从业务绩效和财务绩效两个层面评价了农村资金互助社的运行绩效，并从外部法律环境、市场准入门槛以及融资渠道等视角讨论影响运行绩效的因素。林乐芬等（2013）利用非参数的效率分析作为农民资金互助社的运行绩效代理变量，并探讨了影响农民资金互助社运行绩效的内部治理因素和外部环境因素。最后，更多的学者从财务绩效和社会绩效双重维度，对信用合作（资金互助）组织的运行表现进行评价（叶李伟等，2019；王刚贞，2012）。

已有研究为本书的研究打下坚实基础，但是已有研究仍存在进一步完善空间。一方面，已有对信用合作组织治理绩效的研究，多是以农村（民）资金互助社为研究对象，对于以合作社内信用合作为对象的研究尚少；另一方面，已有对信用合作治理的研究，多是以案例研究为主，缺乏系统的实证分析和信用合作组织运行效果的评价。基于此，本章将基于治理机制理论，从外部制度环境和内部治理约束机制两个维度，对不同治理模式下的合作社内信用合作的社会绩效和财务绩效进行分析。

7.2　研究分析框架

治理机制理论是指任何经济组织的外部制度约束以及内部决策、监督以及激励约束是经济组织实现运营目标的重要保障机制。基于此，本书将首先描述分析当前苏鲁地区四种不同模式下合作社内信用合作的决策机制现状，并在此基础上从内部治理机制约束和外部政府规制约束两个维度，探讨其对合作社内信用合作治理绩效的影响。

7.2.1　苏鲁地区合作社内信用合作治理机制现状

基于第4章对苏鲁地区四种不同模式下合作社内信用合作的模式比较分析，从外部环境制度和内部治理双维度视角，可以将当前苏鲁地区不同模式下合作社内信用合作的治理机制总结如表7-1所示。

表 7-1 苏鲁地区合作社内信用治理机制比较

模式		"无池化"模式	"基本股金"模式	"混合"模式	"机构"模式
外部制度环境	政府规制	有	有	无	无
内部治理机制	决策机制	以理事长为主的评议小组	以理事长为主的借款评审委员会	理事长决策	理事长决策
	监督机制	监事会	监事会	无	监事会
	激励机制	按资金使用量分红	按资金使用量分红	按股分红	工资+按股分红

注：本表中激励机制主要指管理者（核心社员）激励方式，表 4-3 收益方式主要指普通社员激励方式。

由表 7-1 可知，内生型和外生型合作社内信用合作治理机制具有显著差异，由政府推动下形成的"无池化"模式和"基本股金"模式，更能够建立完善的外部政府规制和内部决策、监督以及激励机制，而合作社自发开展的"混合"模式和"机构"模式，外部政府规制机制缺乏，同时合作社内信用合作内部监督机制也并不完善。

7.2.2 基于治理机制理论的信用合作绩效分析

合作社内信用合作属于合作经济组织中的合作金融行为，其组织目标应包括可持续性的财务绩效目标（Mersland，2009）和为"服务社员生产经营'小额、分散'"社会性目标。因此，本书也将分别探讨外部制度环境因素和内部治理因素对合作社内信用合作社会绩效和财务绩效的影响。

7.2.2.1 基于内部治理机制的合作社内信用合作绩效分析

合作社内信用合作内部治理约束主要是指对合作社内信用合作进行管理的一系列决策、监督和激励机制。

从决策机制来看，对于由政府试点的"无池化"模式和"基本股金"模式，合作社内信用合作均建立了以合作社理事长为首的评议小组或借款评审委员会，而对于缺乏政府规制的"混合"模式以及"机构"模式，当前合作社内信用合作的管理均是由合作社理事长进行决策，这就会导致合作社内信用合作信贷资源向核心社员倾斜，进而降低合作社内信用合作社会绩效。同时，缺乏普通社员参与的内部决策机制，易产生内部人控制问题（刘西川等，2014），进而促使合作社内信用合作向营利性目标演进。

从监督机制来看，对于由政府试点的"无池化"模式和"基本股金"模式，合作社内信用合作均建立了监事会制度，同时内生型的"混合"模式并没有建立监事会制度，而"机构"模式下的合作社内信用合作建立了监事会制度。监事会能够真正地履职对于抑制核心社员群体在合作社内信用合作的非民主管理具有重要意义，进而有利于实现"小额、分散"社会性目标。同时，监事会制度下，合作社内信用合作履行"小额、分散"的社会责任，将会提高组织的运营和监督成本，进而实现财务绩效的降低。

从激励机制来看，当前对于由政府试点的"无池化"模式和"基本股金"模式，其内部激励机制除了对部分财务人员进行补贴外，均是以按照交易量进行分红为主。同时，由政府试点的"无池化"模式和"基本股金"模式，地方政府部门进行的财政补贴亦是合作社内信用合作的主要激励来源。对于由合作社理事长或龙头企业发起的"混合"模式和"机构"模式，合作社内信用合作的激励机制分别是按股分红和按照给予管理者工资加按股分红模式。在当前的激励机制下，按股分红或"按股+工资"激励模式，由于核心社员拥有的股份往往较多，将会导致合作社内信用合作向盈余最大化目标发展，进而实现财务绩效的提升，降低组织履行社会性使命。对于按交易量分红的激励模式，在一定程度上抑制了合作社内信用合作的商业化倾向，有利于合作社内信用合作"小额、分散"社会性目标的实现。

因此，总的来看，在当前信用合作内部治理机制现状下：对于决策机制，普通社员参与信用合作管理将会有利于信用社会绩效的实现，但是会抑制财务绩效；对于监督机制，履行监事会制度将会有利于信用合作社会绩效的提升，不利于财务可持续性；对于激励机制，相对于按股分红模式，按交易量分红模式将会有利于社会绩效的提升，而不利于财务绩效的提升。

7.2.2.2 基于外部政府规制下的合作社内信用合作绩效分析

外部政府规制是微型金融组织内部治理机制能够有效履行社会责任（outreach）的制度保障。Dorfleitner（2017）在以215家微型金融组织为对象的研究中指出，有无外部政府规制对于微型金融组织是否会丢失社会责任使命（fail socially）具有重要影响。对于合作社内信用合作的开展而言，是否存在外部政府规制对于合作社内信用合作履行社会性目标同样意义重大。一方面，外部政府规制能够直接对以核心社员为代表的管理层实施有效的监督，防止核心社员在信用合作管理上出现委托代理问题；另一方面，外部政府规制能够有效增加普通社员群体与核心社员之间的博弈能力，从而抑制信用合作信贷资源被合作社内核心社员群体俘获，进而提升合作社内信用合作社会绩效。同时，外部政府的规制将会抑制合作社内信用合作的趋利性，增加组织的运营成本，进而导致财务绩效的降低。

因此，总的来看，建立外部政府规制机制将会有利于合作社内信用合作社会绩效的提高，不利于财务绩效的提升。

7.3 数据来源、指标选取及描述性分析

7.3.1 数据来源

本书的数据来源于对苏鲁地区六市 26 家开展合作社内信用合作样本的实地调研，同时通过深度访谈，结合合作社保留的部分记账资料，笔者梳理出 178 份非平衡面板财务数据资料。

7.3.2 指标选取

（1）被解释变量。本章的核心被解释变量为合作社内信用合作财务绩效和社会绩效。对于社会绩效指标的选取，国内外学者对于信用合作组织和微型金融组织社会绩效衡量指标主要包括平均贷款规模（Cull，2007；Armendáriz，2013；杨虎锋等，2014；苏东蔚等，2017）、活跃顾客数（张正平等，2012；Merland，2009）等指标。同时，还有部分学者通过构建社会绩效评价体系或贫困指数等（Zeller，2003）来评价微型金融组织的社会绩效。对于财务绩效指标的选取，国内外学者对于信用合作组织和微型

金融组织财务绩效的衡量指标包括净资产收益率（roe）以及资产收益率（roa）（张龙耀等，2016；），同时还有部分学者利用财务可持续性（oss）（张正平等，2012；Merskland，2009）作为财务绩效指标。参考已有研究，结合本书研究对象，本书选取平均借款规模作为合作社内信用合作社会绩效衡量指标，选取净资产收益率（roe）作为合作社内信用合作财务绩效衡量指标。

（2）核心解释变量。本章的核心解释变量主要包括两个方面：一方面，对于外部制度环境，参考已有研究（Dorfleitner，2017），本书选取"是否存在政府监管"作为外部制度环境的代理变量；另一方面，对于内部治理机制特征，参考已有研究（周振，2012；金仁旻，2016），结合本书的研究对象，本书选取的治理机制指标包括决策机制"核心社员/管理者人数比值"、监督机制"是否履行监事会制度"、激励机制"收益分配方式"。

（3）控制变量。参考已有研究（Cull，2007；Armendáriz，2013；徐淑芳，2013），结合本书的研究对象，本书选取的控制变量主要包括借款管理特征和合作社特征。需要注意的是，由于不同信用合作模式与合作社内信用合作的外部监督机制存在显著相关关系，因此本书未将不同模式纳入控制变量范围①。具体描述性分析如表7-2所示。

由表7-2可知，当前合作社内信用合作的平均贷款规模为4.996万元，从最大值来看个别合作社内信用合作的贷款规模已达14.90万元，是平均贷款规模的2.98倍，这说明部分合作社在开展信用合作时偏离了"小额、分散"的社会性目标，可能存在信用合作资金主要被核心社员群体俘获等问题。同时，从净资产

---

① 由政府试点的"无池化"模式和"基本股金"模式均存在外部政府规制，而由合作社理事长发起的"混合"模式和龙头企业发起的"机构"模式均缺乏外部政府规制。

表7-2 治理机制与合作社内信用合作绩效分析

变量名		含义及赋值	样本量	均值	标准差	最小值	最大值
	平均贷款规模	平均贷款规模=累计借款规模/累计借款笔数（万元）	178	4.996	2.157	0.300	14.90
	净资产收益率	净资产收益率=信用合作净收益①/固定资产投入	178	0.001	0.062	-0.251	0.158
外部制度环境							
	政府规制	是否存在政府规制（是=1；否=0）	178	0.461	0.499	0	1
信用合作治理机制							
	核心社员管理者人数占比	核心社员参与信用合作管理总人数	178	0.746	0.203	0.484	1
	监事会	是否召开监事会（是=1；否=0）	178	0.067	0.251	0	1
	收益分配	按交易量分红=1；按股分红=0	178	0.097	0.458	0	1
借款管理特征							
	政府补贴	对信用合作是否存在补贴（有=1；否=0）	178	0.106	0.309	0	1
	平均贷款利率	平均借款利率（%）	178	9.033	1.143	6.8	14.4
	累计存贷比	全年累计借款规模/累计出资规模	178	1.136	0.239	0.833	2.804
合作社特征							
	社员规模对数	全年参与过资金或资借款的社员人数的对数	178	4.607	1.211	2.772	7.675
	养殖类	养殖类=1；其他=0	178	0.241	0.429	0	1
	林木类	林木类=1；其他=0	178	0.073	0.261	0	1
	地域特征	江苏=0；山东=1	178	0.567	0.497	0	1

① 信用合作净收益=资金占用费收入-分红支出-管理费用-固定成本折旧。部分合作社未考虑管理费用，笔者采取管理费用=管理者人数×管理者平均年收入×管理者平均参与信用合作管理天数/365进行核算。

收益率来看，平均净资产收益率只有 0.001，这说明当前合作社内信用合作整体盈利能力较弱，部分信用合作收益难以覆盖成本，但也有部分信用合作收益率偏高、过度趋利性现象明显。因此，总的来说，当前合作社内信用合作的开展整体平稳，但是部分合作社在开展信用合作中也存在"过度趋利"和"不可持续"两种治理偏差问题。

从核心解释变量来看，受到政府监管的合作社内信用合作样本占总样本的 46.1%，这说明当前合作社内信用合作活动存在部分监管缺失，这可能是导致部分合作社内信用合作活动出现过度趋利的原因。同时，从核心社员占管理者的比值来看，目前合作社内信用合作管理层仍然是核心社员群体占据主导地位。从是否召开监事会指标来看，目前合作社内信用合作的召开监事会的比例只有 6.7%，这说明合作社内信用合作的内部监督比较匮乏。从是否按照交易量分红来看，只有 9.7% 的样本社中按照交易量分红，更多的合作社是按股分红。最后，在财务指标中，从获得政府补贴的比例来看，只有 10% 左右的合作社样本获得政府的补贴①。从平均借款利率来看，目前合作社内信用合作的平均借款利率为 9.033%，最大平均放贷利率为 14.4%。

7.3.3 描述性分析

7.3.3.1 外部政府规制与合作社内信用合作绩效

（1）外部政府规制与合作社内信用合作社会绩效。通过有无政府规制对合作社内信用合作平均借款规模描述性分析，可以得到政府规制与合作社内信用合作社会绩效相关关系如图 7-1 所示。

---

① 部分由政府试点的合作社内信用合作，名义上有补贴，但是实质上还未补贴。

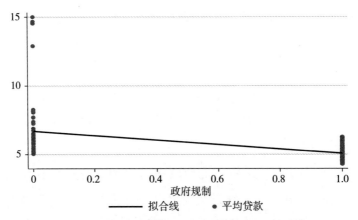

图 7-1　政府规制与合作社内信用合作社会绩效

由图 7-1 可知，受到外部政府规制会导致合作社内信用合作平均借款规模的进一步下降，这初步说明外部政府规制因素对合作社内信用合作社会绩效的提升具有促进作用。

（2）外部政府规制与合作社内信用合作社财务绩效。通过有无政府规制对合作社内信用合作净资产收益率的描述性分析，可以得到政府规制因素与合作社内信用合作财务绩效的相关关系如图 7-2 所示。

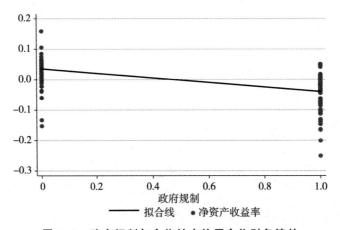

图 7-2　政府规制与合作社内信用合作财务绩效

由图 7-2 可知，受到外部政府规制会导致合作社内信用合作净资产收益率的进一步降低，这初步说明外部政府规制因素将会导致合作社内信用合作财务绩效的下降。

7.3.3.2 内部决策机制与合作社内信用合作绩效

（1）内部决策机制与合作社内信用合作社会绩效。由图 7-3 可知，核心社员管理者人数占比因素对合作社内信用合作社会绩效的影响不大，原因可能在于当前无论是哪种模式下，核心社员在管理者群体的占比均较高且差异性不大，导致内部决策机制对合作社内信用合作社会绩效影响不显著。

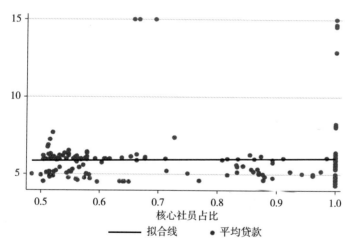

图 7-3　核心社员管理者人数占比与合作社内信用合作社会绩效

（2）内部决策机制与合作社内信用合作财务绩效。由图 7-4 可知，随着核心社员占管理者人数比重的增高，合作社内信用合作的财务绩效将会有所提升，这说明核心社员占管理者人数越多，易造成内部人控制，诱导合作社内信用合作趋利性增加。

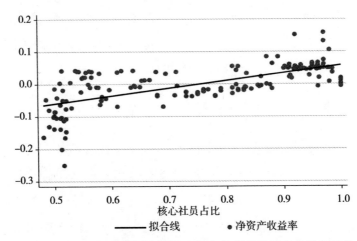

图 7-4　核心社员管理者人数占比与合作社内信用合作财务绩效

7.3.3.3　内部激励机制与合作社内信用合作绩效

（1）内部激励机制与合作社内信用合作社会绩效。由图 7-5 可知，按交易量分红激励方式对于合作社内信用合作的社会绩效具有一定程度的促进作用，而按股分红激励方式对于合作社内信用合作社会绩效有一定程度的抑制作用。

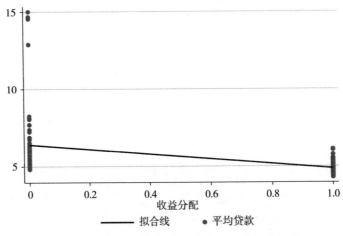

图 7-5　收益分配与合作社内信用合作社会绩效

（2）内部激励机制与合作社内信用合作财务绩效。由图7-6可知，相对于按股分红激励方式，按交易量分红方式对于合作社内信用合作的财务绩效的提升有一定程度的抑制作用。

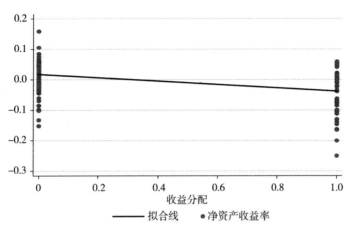

图7-6　收益分配与合作社内信用合作财务绩效

7.4　实证检验

7.4.1　实证模型构建

为了验证外部政府规制因素和内部治理机制因素对合作社内信用合作社会绩效和财务绩效的影响，同时最大化利用26家开展农民专业合作社内信用合作所产生的178份非平衡面板数据，本章构建了混合回归模型如下：

$$Y_{it} = \beta_1 regulation_{it} + \beta_2 rati_{it} + \beta_3 supervision_{it} + \\ \beta_4 dividened_{it} + \chi x_{it} + \mu_i + \varepsilon_{it} \qquad (7-1)$$

由式 7-1 可知，Y_{it} 表示第 i 家开展合作社内信用合作的合作社在第 t 阶段的社会绩效（平均借款规模）或财务绩效（净资产收益率），$regulation_{it}$ 表示第 i 家开展合作社内信用合作的合作社在第 t 阶段是否受到政府规制，$rati_{it}$ 表示第 i 家开展合作社内信用合作的合作社在第 t 阶段核心社员在管理者群体中人数的占比，$supervision_{it}$ 表示第 i 家开展合作社内信用合作的合作社在第 t 阶段是否召开监事会，$dividened_{it}$ 表示第 i 家开展合作社内信用合作的合作社在第 t 阶段是否执行按交易量分红的激励方式，x_{it} 表示影响合作社内信用合作绩效的其他控制变量，u_i 表示个体异质性的截距项，ε_{it} 表示随着个体与时间而改变的扰动项。

7.4.2 治理机制与合作社内信用合作社会绩效

在上述模型构建和理论分析以及指标选取的基础上，本章利用 Stata 13 软件进行实证检验。由于本章使用的是非平衡面板数据，同时利用 Hausman 检验显示，应该使用固定效应模型。同时，在固定效应模型中，本书控制了样本的个体固定效应和年份固定效应。因此，本章分别使用了混合回归以及固定效应回归，具体实证结果如表 7-3 所示。

表 7-3　治理机制与合作社内信用合作社会绩效

变量	混合回归		固定效应	
	系数	标准误	系数	标准误
政府规制	-1.274**	(0.551)	-0.657***	(0.119)

变量	混合回归		固定效应	
	系数	标准误	系数	标准误
核心社员管理者人数占比	0.767	(1.914)	0.480	(0.287)
监事会	-0.825**	(0.361)	-0.435***	(0.081)
收益分配	-0.238	(0.263)	-0.138	(0.257)
政府补贴	-2.891**	(1.219)	-0.317***	(0.092)
平均贷款利率	-0.419***	(0.105)	-0.177***	(0.032)
累计存贷比	0.675	(0.747)	0.144	(0.085)
社员规模对数	0.659*	(0.376)	0.381*	(0.210)
养殖类	0.699	(1.051)	0.071	(0.086)
林木类	-0.383*	(0.211)	-0.262**	(0.113)
地域特征	-1.152*	(0.565)		
截距项	11.333***	(2.397)	7.309***	(0.413)
年份固定效应			yes	
个体固定效应			yes	
样本量	178		178	
R-squared	0.417		0.466	

注：***表示在1%显著性水平下显著，**表示在5%显著性水平下显著，*表示在10%显著性水平下显著。

由表7-3可知，政府规制指标对合作社内信用合作平均借款规模的影响，在5%和1%显著性水平下显著为负，说明政府规制因素对于合作社内信用合作的社会绩效存在促进作用。核心社员占比因素对合作社内信用合作的平均借款规模影响不显著，但是仍能通过系数为正，说明核心社员参与管理越多，信用合作越倾向于偏离社会性使命。更进一步地，合作社内信用合作能够召开监事会，履行内部监督职能，也同样有利于合作社内信用合作社会绩效的提升。

从控制变量来看，政府补贴因素分别在5%和1%显著性水平下显著为负，说明政府对合作社内信用合作的开展实施补贴，在一定程度上能够弥补合作社内信用合作所产生的运营成本，进而促进了合作社内信用合作社会绩效的提升。平均贷款利率因素对合作社内信用平均借款规模的影响在1%显著性水平下显著为负，说明贷款成本是社员是否申请大额借款的重要因素，适当地提高借款利率将会抑制核心社员群体获得更多借款的冲动，进而促使普通社员获得更多小额借款。同时，参与信用合作社员规模因素在10%显著性水平下显著，进而对合作社内信用合作发放小额贷款产生抑制作用。原因可能在于，一方面，参与合作社内信用合作社员规模越大，参与信用合作的核心社员群体规模可能也就越大，进而导致了合作社内信用合作平均借款规模的提升；另一方面，参与合作社内信用合作社员规模越大，更具有还款能力的贷款者社员群体也就越大，进而导致了合作社内信用合作信贷资源向富裕社员群体倾斜。最后，林木类合作社以及地域特征因素也在10%显著性水平下显著，原因可能在于，在本书样本中林木类合作社社员生产规模普遍较小，融资需求也较小。同时，相对于江苏地区，山东地区开展的信用合作多为"无池化"模式，进而更有利于"小额、分散"政策性目标的实现。

7.4.3 治理机制与合作社内信用合作财务绩效

在分析外部制度环境和内部治理机制对合作社内信用合作社会绩效影响的基础上，本书利用混合回归模型和固定效应模型，进一步分析了外部政府规制和内部治理因素对合作社内信用合作财务绩效的影响。具体实证结果如表7-4所示。

表 7-4 治理机制与合作社内信用合作财务绩效

变量	混合回归		固定效应	
	系数	标准误	系数	标准误
政府规制	-0.047***	(0.008)	-0.040***	(0.010)
核心社员管理者人数占比	0.019	(0.025)	0.078	(0.020)
监事会	-0.054*	(0.031)	-0.048*	(0.025)
收益分配	-0.005	(0.007)	-0.004	(0.005)
政府补贴	0.031***	(0.011)	0.029**	(0.012)
平均贷款利率	0.016*	(0.009)	0.008***	(0.001)
累计存贷比	0.040**	(0.018)	0.016**	(0.007)
社员规模对数	0.017*	(0.009)	0.003*	(0.002)
养殖类	0.019***	(0.007)	0.012***	(0.001)
林木类	-0.024*	(0.014)	-0.008	(0.017)
地域特征	-0.004	(0.008)		
截距项	-0.128***	(0.028)	-0.049***	(0.016)
年份固定效应			yes	
个体固定效应			yes	
样本量	178		178	
R-squared	0.530		0.565	

注：***表示在1%显著性水平下显著，**表示在5%显著性水平下显著，*表示在10%显著性水平下显著。

由表7-4可知，政府规制因素在1%显著性水平下，对合作社内信用合作的财务绩效产生了负面影响，这说明政府规制导致了合作社内信用合作运行成本的增加，进而使得合作社内信用合作财务绩效下降。从内部治理因素来看，只有是否召开监事会因素在10%显著性水平下，对合作社内信用合作的财务绩效产生了负面的影响，这说明有内部监督的信用合作，能够更有效地履行信用合作资金使用的"小额、分散"社会性原则，增加了信用合作运行成本。

从控制变量来看，政府补贴因素也分别在1%和5%显著性水平下正向显著，这说明政府补贴有利于降低合作社内信用合作的运营成本，进而提升合作社内信用合作的财务绩效。同时，平均贷款利率因素也分别在1%和10%显著性水平下正向显著，这说明适当地提高贷款利率能够增加合作社内信用合作的收益，进而提高覆盖合作社内信用合作运营成本的能力。更进一步地，累计存贷比反映了合作社内信用合作的资金周转率，资金周转率越高，能够提高信用合作收益。最后，社员规模因素也有利于提高信用合作财务绩效，原因可能在于，参与社员规模越大越能够有效分摊合作社内信用合作投入的固定成本。

7.5 稳健性检验

7.5.1 治理机制与合作社内信用合作普通社员借款占比

为了进一步验证治理机制因素对合作社内信用合作能否有效

履行为社员"小额、分散"融资性需求的社会性使命，在选取平
均借款规模作为合作社内信用合作社会绩效代理变量的基础上，
参考已有研究（Barry，2014；Cull，2007），结合本书的研究对
象，本书选取普通社员借款占比，作为合作社内信用合作社会绩
效的代理变量。之所以选取普通社员借款占比作为信用合作社会
绩效的代理变量，原因在于，一方面，合作社内信用合作政策使
命是解决社员"小额、分散"的生产融资需求，普通社员借款占
比越多，意味着更能够反映信用合作的社会性，避免了核心社员
"精英俘获"行为的产生；另一方面，相对于核心社员，普通社
员生产经营规模相对较小，生产性融资需求相对更小（韩俊等，
2007），因此普通社员借款占比越高，也在一定程度上反映了
"小额、分散"社会性使命。选取普通社员借款占比作为信用合
作社会绩效代理变量，利用混合回归和固定效应模型，得出的实
证结果如表7-5所示。

表7-5　治理机制与合作社内信用合作普通社员借款占比

变量	混合回归		固定效应	
	系数	标准误	系数	标准误
政府规制	0.121 ***	（0.028）	0.017 **	（0.007）
核心社员管理者人数占比	−0.076	（0.131）	−0.032	（0.019）
监事会	0.041 *	（0.021）	0.013 **	（0.005）
收益分配	0.016	（0.018）	0.012	（0.039）
政府补贴	0.061 **	（0.027）	0.018 ***	（0.006）
平均贷款利率	0.028 *	（0.014）	0.005 **	（0.002）
累计存贷比	0.141	（0.099）	0.009	（0.005）
社员规模对数	0.029	（0.112）	0.014	（0.016）

续表

变量	混合回归		固定效应	
	系数	标准误	系数	标准误
养殖类	−0.047	（0.072）	−0.005	（0.005）
林木类	0.025	（0.021）	0.011	（0.007）
地域特征	0.037	（0.038）		
截距项	0.824***	（0.169）	0.206***	（0.028）
年份固定效应			yes	
个体固定效应			yes	
样本量	178		178	
R-squared	0.416		0.462	

注：*** 表示在1%显著性水平下显著，** 表示在5%显著性水平下显著，*表示在10%显著性水平下显著。

由表7-5可知，政府规制因素和内部监事会因素对于合作社内信用合作社会绩效的影响基本稳健，这说明监督因素是合作社内信用合作能够履行"小额、分散"社会性使命的重要保障。同时，从政府规制因素和内部监事会的回归系数来看，相对于内部监督，外部政府规制对合作社内信用合作履行社会性使命起到更主要的作用。

从控制变量来看，政府补贴因素能够有利于提高普通社员获得借款的占比，原因可能在于，能有效履行社会性使命的合作社，才能够获得政府补贴。同时，适当地提高借款利率也能够保证普通社员获得更多借款，原因可能在于，适当地提高资金借贷成本能够防止核心社员俘获信用合作信贷资源，避免信用合作出现使命漂移。

7.5.2　治理机制与合作社内信用合作资产收益率

在使用净资产收益率（roe）作为合作社内信用合作财务绩效代理变量的基础上，为了规避信用合作分红因素对信用合作净资产收益率的影响，参考已有研究（Mersland，2009），本书选取资产收益率（roa）作为合作社内信用合作财务绩效的代理变量，具体实证结果如表7-6所示。

表 7-6　治理机制与合作社内信用合作资产收益率

变量	混合回归		固定效应	
	系数	标准误	系数	标准误
政府规制	-0.809***	(0.191)	-0.627***	(0.192)
核心社员管理者人数占比	0.789*	(0.385)	0.674	(0.468)
监事会	-0.395*	(0.213)	-0.108*	(0.055)
收益分配	-0.090	(0.096)	-0.034	(0.054)
政府补贴	0.509*	(0.270)	0.198***	(0.069)
平均贷款利率	0.055*	(0.030)	0.016*	(0.008)
累计存贷比	0.925**	(0.434)	0.195*	(0.098)
社员规模对数	0.031*	(0.016)	0.165***	(0.048)
养殖类	0.291	(0.181)	0.089	(0.058)
林木类	-0.362**	(0.171)	-0.149**	(0.062)
地域特征	-0.154	(0.164)		
截距项	-0.102***	(0.018)	-0.567***	(0.035)
年份固定效应			yes	

续表

变量	混合回归		固定效应	
	系数	标准误	系数	标准误
个体固定效应			yes	
样本量	178		178	
R-squared	0.630		0.661	

注：*** 表示在1%显著性水平下显著，** 表示在5%显著性水平下显著，* 表示在10%显著性水平下显著。

由表7-6可知，政府规制因素和内部监事会因素对于合作社内信用合作财务绩效的实证结果基本稳健。同时，政府补贴因素以及社员规模因素也依然对合作社内信用合作的财务可持续运营产生了正向影响。这就意味着合作社内信用合作的开展，在履行"小额、分散"社会性使命的同时，也应该适当地通过政府补贴以及提高借款利率等途径保证合作社内信用合作的可持续运营。

7.6 本章小结

本章在第6章对合作社内信用合作借款达成的基础上，进一步基于治理机制理论，分析了合作社内信用合作外部制度环境和内部治理机制对合作社内信用合作社会绩效和财务绩效的影响。研究显示：

首先，从描述性分析来看，当前部分合作社在开展合作社内信用合作活动时，存在"过度趋利"和"不可持续"两种治理失效现象。

其次，外部政府规制和内部监督因素对合作社内信用合作社会绩效起到促进作用的同时，也对合作社内信用合作财务绩效产生了负面影响。这就意味着过度的政府规制，将会导致合作社内信用合作的不可持续，而政府规制的缺失将会导致合作社内信用合作的"过度趋利""影子银行"等使命漂移现象的出现。

最后，政府补贴因素和平均贷款利率因素同时对合作社内信用合作的财务绩效和社会绩效产生了正向影响。原因可能在于，政府补贴因素能够给予合作社内信用合作履行社会性使命以激励并降低信用合作运营成本，而贷款利率因素的适当提高，一方面能够抑制核心社员的精英俘获行为（温涛，2016），另一方面也能够提高合作社内信用合作的运营收益。

合作社内信用合作达成治理与使命漂移动因分析

8.1 引言

在第 7 章中，本书基于治理机制理论，重点实证分析了外部政府规制和内部治理机制因素对合作社内信用合作财务绩效和社会绩效的影响。同时，基于表 7-2 对 26 家样本社的描述性分析可以发现，部分合作社内信用合作存在过度趋利行为。更进一步地，已有部分学者的研究（罗兴，2017）也指出当前少数资金互助组织存在"向影子银行演进"等使命漂移的现象。兰永海等（2018）在对社区互助合作制、合伙人股份制等不同类型资金互助组织的研究中也指出，部分资金互助组织存在"精英俘获"以及"去合作化"等使命漂移行为。究其原因，除少数学者（刘西川等，2014；陈东平等，2013）以农村（民）资金互助社为研究对象从治理层面进行探讨外，以合作社内信用合作为研究对象的治理分析仍然匮乏。

基于此，本章试图在上一章合作社内信用合作治理机制实证分析的基础上，进一步以一个典型案例为研究对象，探讨部分合作社内信用合作出现使命漂移等治理失效的原因。

8.2 典型案例

8.2.1 HZ 果品专业合作社案例背景

山东省临沂市蒙阴县 HZ 果品专业合作社，是一家由地方龙头企业——DM 集团发起，以果品农业生产资料供应、技术推广和指导以及资金互助为主要经营范围的合作社。合作社于 2013 年 12 月成立，下设农业服务处、技术服务处以及资金互助（信用合作）处三个主要部门，在蒙阴县各镇下设 12 家果品专业合作社分社。在信用合作经营上，目前合作社拥有社员 4000 余户，其中参与信用合作的社员已达 900 余人。在信用合作资金管理上，到 2015 年 9 月，合作社信用合作资金规模已达 5000 余万元，其中合作社管理者和地方龙头企业分别入股 500 余万元，普通社员存入互助资金 4000 余万元，同时普通社员缴纳 100 元/人作为参与合作社内信用合作的资格股金。在信用合作分配上，普通社社员互助金获得固定利息，管理者和龙头企业股金以及普通社员资格股金按股分红。HZ 果品专业合作社的发起人赵某不仅是 HZ 果品专业合作社的理事长，而且是 DM 集团的法人代表，控股了包括蒙阴 DM 房地产开发公司以及蒙阴县 MJ 资本管理有限公司等 21 家企业[①]（见图 8-1）。

[①] 相关数据来源于天眼查官网，https://www.tianyancha.com/company/393059702。

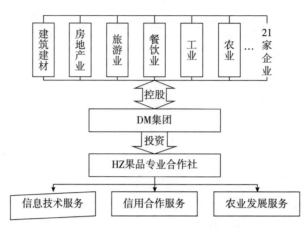

图 8-1　HZ 果品专业合作社组织关系

在实地调研中理事长赵某表示："在信用合作业务流程上，首先，在社员出资流程上，由社员自愿申请，经过合作社考察批准合格后，向社员发放股金证，合作社社员存入互助金获得固定收益，年利率为 6%，社员最高出资金额为 20 万元。其次，在资金使用流程上，由社员自愿申请，3 万元以下由 2 至 3 人担保，3 万至 5 万元由 3 至 5 人担保。社员最高贷款额度为 5 万元，贷款年利率不超过 14.4%。最后，合作社信用互助部管理与农业生产资料供应以及农业技术指导咨询处，在财务管理上完全独立。同时，合作社存在盈余分配机制。合作社管理层获取基本管理工资，同时社员依据入股股金获得股金分红。"

8.2.2　HZ 果品合作社信用合作使命漂移现象

但是，通过在中国裁判文书网①对 HZ 果品专业合作社关于民间借贷诉讼的检索可以发现，HZ 果品专业合作社自 2014 年以来，

---

①　中国裁判文书网搜集了自 2013 年 7 月以来全国各级人民法院所有生效的裁判文书，http：//wenshu. court. gov. cn/Index，能够真实反映 HZ 果品专业合作社信用合作情况。

截至 2019 年 1 月，发生 17 笔与民间借贷纠纷相关的民事诉状案件。通过对 17 笔中判决信息较为完善的 15 笔诉讼书进行统计分析可以发现，当前 HZ 果品专业合作社存在向"影子银行"演进的使命漂移现象。

（1）高利率放贷。通过对 HZ 果品专业合作社 15 笔发生诉讼的借贷纠纷利率描述分析来看，15 笔发生诉讼的借贷纠纷中，平均借款利率为 21.648%，是 2019 年 1 月银行一年期基准贷款利率的 4.976 倍（见表 8-1）。

表 8-1　合作社内信用合作使命漂移之高利贷风险

类型	样本量	均值	标准差	最小值	最大值
借款利率（%）	15	21.648	4.685	14.4	36

同时，在 15 笔借贷纠纷中，借款利率最大值为 36%，已经达到高利贷利率标准[①]。这说明 HZ 果品专业合作社在信用合作（资金互助）实际操作中存在向高利贷演变的风险。

（2）成员边界突破。通过对 HZ 果品专业合作社 15 笔发生诉讼的借贷纠纷的借款者身份描述性分析来看，在 15 笔发生诉讼的借贷纠纷中，有 8 位借款者是非农户身份，这说明 HZ 果品专业合作社在实际运行过程中存在突破为农服务的成员边界风险（见表 8-2）。

表 8-2　合作社内信用合作使命漂移之成员边界突破风险

类型	样本量	样本占比（%）
农户	7	46.67
居民	8	53.33

---

① 最高人民法院《关于审理民间借贷案件适用法律若干问题的规定》第二十六条规定，年利率超过 36%，超过部分的利息约定无效。

（3）大额放贷风险。通过对 HZ 果品专业合作社 15 笔发生诉讼的借贷纠纷的资金规模描述性分析来看，在 15 笔发生诉讼的借贷纠纷中，平均借款规模为 9.573 万元，其中最大值为 50 万元，突破了合作社内信用合作的"小额、分散"原则，这说明 HZ 果品专业合作社在实际运行过程存在大额放贷风险（见表 8-3）。

表 8-3　合作社内信用合作使命漂移之大额放贷风险

类型	样本量	均值	标准差	最小值	最大值
借款规模（万元）	15	9.573	412.148	2	50

（4）资金挪用潜在风险。由于 HZ 果品专业合作社是 DM 集团发起成立的，同时山东 DM 企业集团控股对象包括了除 HZ 果品专业合作社之外的蒙阴 DM 房地产开发有限公司和蒙阴县民间资本管理有限公司等 21 家企业①。因此在缺乏外部政府规制的情况下，HZ 果品专业合作社极易产生把信用合作资金投入山东 DM 集团其他控股对象经营中的冲动，进而产生合作社内信用合作资金挪用潜在风险。

8.3　治理机制视角下合作社内信用合作使命漂移动因分析

治理机制理论认为，任何组织要实现一定的组织目标，必然需要相应的治理机制来约束组织成员的行为。同时，组织治理机

---

① 数据来源于天眼查官网，https://www.tianyancha.com/company/393059702。

制主要包含外部制度环境机制和内部治理约束机制（周振，2012）。从实地调研走访情况来看，HZ 果品专业合作社无论是外部制度环境还是内部治理约束机制均存在以下问题。

8.3.1 HZ 果品合作社内信用合作外部制度环境分析

从外部制度环境来看，HZ 果品专业合作社自开展合作社内信用合作以来，并没有受到地方政府的监管。这就大大降低了 HZ 果品专业合作社在开展信用合作过程中的违规成本，使合作社内信用合作逐步向"影子银行"方向发展。同时，在中央政府系列政策文件的支持下，HZ 果品专业合作社理事长赵某随着信用合作盈余的不断扩大，开办"影子银行"的动机越发强烈。

由表 8-4 可知，对于 HZ 果品专业合作社，目前从中央政府层面出台相关政策文件，允许合作社内信用合作开展试点业务。但是，在地方政府层面，目前未得到有效的政策监管，这就导致合作社内信用合作的外部规制缺失。

表 8-4　IIZ 果品专业合作社外部制度环境

外部制度环境	具体内容
中央政府	允许合作社内信用合作开展试点
地方政府	未进行监管

8.3.2 HZ 果品合作社内信用合作内部治理机制分析

从内部治理机制来看，信用合作业务在激励机制上，核心社员在信用合作业务上获得基本工资，并在年底依据入股股金进行盈余分红，普通社员在信用合作业务上缴纳 100 元/人的资格股金，且存入合作社的互助金以固定利息计息；信用合作业务在监督机制上，虽然合作社建立了完备的监事会章程，但实际上并没有召开任何的监事会会议，且普通社员参与合作社内信用合作监督的意愿不强；信用合作业务在决策机制上，由以 HZ 果品专业合作社理事长赵某为代表的 4 名核心社员把控，其参与对 HZ 果品专业合作社内信用合作业务的资金存放以及放贷等经营管理活动，普通社员只参与合作社内信用合作的资金出资和借款业务（见表 8-5）。

表 8-5　HZ 果品专业合作社内部治理机制

治理机制	具体内容
激励机制	核心社员获取工资，按股分红
	普通社员主要获得互助金利息
监督机制	有监事会，但不履行职能
决策机制	以理事长为代表的核心社员参与管理

由于 HZ 果品专业合作社无论是在外部制度环境上，还是在内部治理机制上，都不具备对合作社内信用合作进行约束的机制，导致以理事长为代表的核心社员群体基于自利性动机，在合作社内信用合作管理上逐步向"影子银行"演进，进而导致 HZ 果品专业合作社出现了"大额放贷、高利率以及突破成员边界"等使命漂移的现象。

8.4　HZ果品合作社内信用合作使命漂移进一步延伸讨论

　　HZ果品专业合作社内信用合作治理机制失灵是当前导致部分合作社内信用合作出现使命漂移的主要原因之一。但是，从实际调研情况来看，HZ果品专业合作社内信用合作治理机制失灵，亦与合作社生产合作异化、信用合作产权关系异化以及监管主体缺乏规制制度基础等因素息息相关。

8.4.1　生产合作异化导致成员边界不清

　　HZ果品专业合作社除了开展信用合作（资金互助）业务以外，在生产合作上主要是以农产品生产资料销售为主营业务，其在生产合作环节，与普通社员实质上只是农产品生产资料销售关系。合作社虽然具有完善的生产合作章程以及社员名录，但是在实际走访中发现，普通社员既不参与合作社生产经营管理，又不参与合作社生产盈余分配，甚至少数普通社员虽然在合作社社员名录上，但是却从没有与合作社发生过任何交易往来。这说明，HZ果品专业合作社在生产合作中，普通社员与合作社之间仅存在农产品生产资料买卖的市场交易关系。因此，从实质上来看HZ果品专业合作社是拥有农民专业合作社注册证书的"农资销售店"，并不履行《农民专业合作社》规定农民专业合作社所要求履行的职能和义务，但是却享有了农民专业合作社所能享有的诸多政策优惠。

HZ 果品专业合作社生产合作的异化，导致了合作社社员成员边界不清，从而使参与合作社内信用合作社员规模迅速扩大。参与信用合作社员规模的迅速扩大，又使信用合作产生的盈余规模远远超过农资销售的盈余增加。以 2015 年为例，HZ 果品合作社开展信用合作毛收益超过 336 万元，远远超过开展信用合作对农资销售收益的增加，这就诱使合作社内信用合作向盈余最大化的"影子银行"方向演进。

8.4.2 信用合作产权关系异化与盈余逐利

合作社内信用合作产权关系异化（见表 8-6），也是导致 HZ 果品专业合作社信用合作出现使命漂移的重要原因。按照山东省《农民专业合作社内信用互助业务试点管理暂行办法》，合作社内信用合作应该坚持"不吸储、不支付固定回报"等原则。但是，HZ 果品专业合作社在信用合作实际运行中，合作社将普通社员出资划分为资格股金和互助金，其中互助金以 6% 的利率计息存放。以理事长为首的 4 名核心社员以及 DM 集团占据 HZ 果品专业合作社内信用合作股权的 99.1%。

表 8-6   合作社内信用合作产权关系异化

信用合作资金来源	股金（万元）	互助金（万元）
龙头企业	500	0
核心社员	500	0
普通社员	9	4000
产权关系	股权	债权

从产权关系来看，普通社员存入的互助金只享有固定利息，与合作社之间实质上是债权关系，不享有合作社内信用合作剩余索取权。同时，普通社员入股的 100 元资格股金属于股权范畴，承担合作社内信用合作经营风险，享有合作社内信用合作盈余剩余索取权。但是，由于从总量来看，HZ 果品专业合作社内信用合作，由普通社员出资的 80% 信用合作互助资金属于债权，而以合作社理事长为代表的核心社员和 DM 集团只出资了信用合作资金的 20%，却享有了合作社内信用合作盈余 99.1% 的剩余索取权，从而导致了普通社员承担了合作社内信用合作的经营风险，但却未能获得 HZ 果品专业合作社内信用合作的剩余索取权。最后，信用合作资金产权关系的异化，也导致合作社理事长更要激励发放大额、高利率借款，以降低合作社内信用合作借款监督成本，促使合作社内信用合作进一步向逐利性的"影子银行"目标演进。

8.4.3 监管主体缺乏规制制度基础

HZ 果品专业合作社在自 2013 年自发开展信用合作业务以来，缺乏有效的监管主体和法律制度基础亦是导致其不断向"影子银行"转变的重要原因。在实地调研中，地方农业管理部门部分反映，HZ 果品专业合作社虽然由地方农业管理部门监管，但是，一方面，地方农业管理部门缺乏专业的相关人才对辖区内自发开展的合作社内信用合作活动是否存在使命漂移现象进行有效识别和监管；另一方面，即使在实际走访中发现少数合作社在信用合作运行中存在违背中央政府政策设定初衷的违规现象，作为地方农业管理部门也缺乏相关法律制度基础，对发生使命漂移的合作社内信用合作进行取缔或有效规制。因此，对于 HZ 果品专业合作社内信用合作存在的诸多违规行为，由于监管主体缺乏行使取缔和规制的法律制度基础，使合作社核心社员群体在趋利性动机的趋势下，进一步推动合作社内信用合作向"影子银行"方向演变。

8.5　本章小结

本章以一个大规模开展合作社内信用合作活动向"影子银行"方向演进的典型合作社案例，进一步分析了合作社内信用合作出现使命漂移的外部制度环境因素和内部治理机制因素。

从外部制度环境来看，缺乏地方政府的外部规制，导致了合作社内信用合作使命漂移的机会成本大大降低，进而促使合作社内信用合作向营利性"影子银行"演进。

从内部治理机制来看，发生合作社内信用合作使命漂移的合作社，在内部治理机制上也往往出现异化。一方面，从决策机制来看，合作社内信用合作往往会表现为由以理事长为代表为核心的社员群体，主导合作社内信用合作的管理，进而为合作社内信用合作出现使命漂移奠定决策基础；另一方面，从监督机制来看，普通社员往往仅参与合作社内信用合作的出资和借款业务，导致合作社内信用合作监事会制度难以履行职责，这进一步放松了对核心社员群体在信用合作管理上可能出现的道德风险行为的约束。

从激励机制来看，以理事长为代表的核心社员群体，掌握了合作社内信用合作的盈余分配权，进一步诱使合作社内信用合作向"影子银行"方向演进。

在基于治理机制视角，从外部制度环境和内部治理两个层面，在对 HZ 果品专业合作社内信用合作出现使命漂移现象进行原因分析的基础上，本章试图进一步讨论合作社内信用合作向"影子银行"使命漂移的成员边界因素、产权因素以及制度基础因素。通过案例分析发现：首先，社员与合作社之间的异化生产合作关系导致了合作社内信用合作成员边界不清，参与信用合作社员规模迅速扩大，诱发了信用合作盈余的不断增大；其次，合作社内信用合作产权关系的异化导致了核心社员群体有更强的激励，推动合作社内信用合作向营利性"影子银行"目标演进；最后，以地方农业部门为代表的监管部门缺乏有效的法律规制依据，亦是导致部分自发开展合作社内信用合作的合作社出现使命漂移的重要原因。

同时，通过对合作社内信用合作向"影子银行"使命漂移的案例分析可以看出，随着合作社内信用合作规模的不断扩大，以理事长为代表的核心社员群体，在开展信用合作时的激励来源，逐步由生产合作盈余增加，向俘获廉价信贷资金以及信用合作盈余增加等使命漂移形式演变。因此，要实现合作社内信用合作达成及防范使命漂移，需要建立有效的外部政府规制制度和内部治理机制，在保证利益相关者激励相容基础上，抑制其趋利性动机。

9 结论及对策建议

9.1 研究结论

合作社内信用合作是当前由地方政府外部制度干预以及合作社自发开展的资金互助行为。从苏鲁地区实际发展情况来看，社员与合作社之间的生产合作关系为合作社内信用合作的达成起到了重要作用。一方面，生产合作关系降低了合作社内信用合作借款的监督成本，另一方面，信用合作推动生产合作盈余的增加，进一步拓宽了合作社内信用合作的激励来源。但是，在趋利性动机的趋势下，以理事长为代表的核心社员群体，存在通过大额放贷，获取更多信用合作信贷资源和推动合作社内信用合作出现使命漂移等治理失效的动机。同时，部分合作社在地方政府规制干预的情况下，也出现了经营困难等不可持续的问题。

对此，本书首先分析了苏鲁地区合作社内信用合作模式并做治理机制比较分析，然后从社员层面分析了其信用合作达成机理，在此基础上，进一步分析了外部政府规制因素和内部治理因素对合作社内信用合作社会性目标和财务可持续性目标的影响。最后，在此基础上，本书以一个典型案例具体剖析了治理因素以及产权异化等因素对部分合作社出现使命漂移等治理失效的原因。具体研究结论如下：

9.1.1　社员信用合作权属认知推动信用合作出资，有利于信用合作达成

信用合作出资是合作社内信用合作达成的前提，在已有研究的基础上，本书进一步探讨社员对信用合作权属认知因素对其信用合作出资行为的影响。研究发现：首先，从成员异质性视角来看，普通社员对信用合作权属的了解程度要远远低于核心社员；其次，从实证结果来看，社员的信用合作认知程度与社员的信用合作出资规模呈现显著的正向相关关系；再次，进一步通过中介效应模型实证分析发现，社员信用合作权属认知因素主要通过影响社员对信用合作的风险评价程度，进而影响其信用合作出资行为；最后，除信用合作权属认知因素之外，收益率因素以及是否预期获得借款等因素也会对社员的出资行为产生显著影响。

9.1.2　社员生产合作关系通过影响信用合作借款，促进信用合作达成

信用合作借款是合作社内信用合作达成的重要体现，在出资行为分析的基础上，本书进一步分析了社员与合作社之间的生产合作关系对信用合作借款达成的影响。研究显示：首先，从数据描述性分析来看，核心社员与普通社员在借款规模以及交易频率与交易种类上均有显著差异；其次，社员与合作社之间的交易频

率越高、交易种类数越多，生产合作声誉机制越有利于促进社员合作社内信用合作信贷可得性的提升；最后，本书使用社员与合作社之间的交易额度作为声誉效用的替代变量，实证结果显示声誉效应依然显著。

9.1.3　适度监管是信用合作双重治理目标实现的有效保障

信用合作治理是信用合作达成在合作社层面的重要体现，因此在基于社员层面的信用合作达成分析基础上，本书进一步从外部政府规制和内部治理维度，分析了不同治理模式下的合作社内信用合作运行社会绩效和财务绩效。研究结果显示：首先，苏鲁地区合作社内信用合作整体平稳，但部分合作社存在"过度趋利"和"不可持续"两种治理失效现象。其次，外部政府规制等因素对合作社内信用合作社会绩效具有促进作用的同时，也对合作社内信用合作财务绩效产生了负面影响。这就意味着过度的政府规制，将会导致合作社内信用合作的不可持续，而政府规制的缺失将会导致合作社内信用合作的"过度趋利""影子银行"等使命漂移现象的出现。最后，政府补贴因素和平均贷款利率因素同时对合作社内信用合作的财务绩效和社会绩效产生了正向影响。

9.1.4　生产合作异化以及法律制度缺失等易导致信用合作漂移

合作社内信用合作使命漂移是信用合作治理失效的重要体现，本书在治理绩效实证分析的基础上，进一步利用案例研究探讨了导致部分合作社出现使命漂移的原因。研究显示：对于大规模的合作社内信用合作活动，以理事长为代表的核心社员群体在信用合作中，其使命漂移行为主要表现为由追逐信用合作盈余最大化，而表现出的"高利率放贷、突破成员边界以及大额放贷"等行为。究其原因，从外部制度环境和内部治理机制来看，缺乏政府规制以及内部监督机制虚置等因素是导致合作社内信用合作向"盈利性"目标漂移的重要因素。最后，合作社生产合作异化、信用合作产权关系异化以及监管主体缺乏规制制度基础亦是合作社内信用合作向"影子银行"转变的重要影响条件。

9.2 政策建议

基于前文对合作社内信用合作达成以及治理研究分析结论，本书得出的政策建议如下：

9.2.1 加强对普通社员信用合作权属认知教育

对于合作社内信用合作的社员出资行为问题，地方政府主管部门应该注重对普通社员合作社内信用合作权属意识的培养，提高普通社员对合作社内信用合作活动的认知程度，从而降低普通社员对合作社内信用合作的风险认知，提高社员对合作社内信用合作出资的积极性。

9.2.2 筛选功能完善、生产合作紧密的合作社开展信用合作

对于合作社内信用合作的社员借款行为问题，在缺乏合规抵押品的情况下，社员与合作社之间存在的紧密生产合作关系是合作社内信用合作能够有效抑制社员信用合作道德风险的基础，因此地方政府部门要筛选服务功能完善、与社员之间存在紧密利益联结的合作社开展信用合作。

9.2.3 对合作社内信用合作应采取分级适度监管

对于合作社内信用合作治理问题，政府监管是合作社内信用合作社会性目标实现的重要制度保障。但是同时，过度的政府规制将会导致合作社内信用合作运营的不可持续。因此，应该依据信用合作资金规模，实施分级适度监管。对于小规模信用合作，应该放松对信用合作风险准备金的要求，降低信用合作运营成本。对于大规模信用合作，应该加大监管力度，防止信用合作使命漂移。

9.2.4 明确监管主体、加快相关立法出台

对于合作社内信用合作的使命漂移问题，在政府规制缺失的情况下，由于以理事长为代表的核心社员群体存在强烈的自利性动机，导致合作社内信用合作存在"大额放贷"以及"追逐盈利"等使命漂移现象。对此，应该明确合作社内信用合作监管主体，加快出台与合作社内信用合作相关的法律法规，建立准入和

取缔制度。对于没有获得准入资格的，以及实质上为"影子银行"的合作社内信用合作，应积极予以取缔。对于存在"核心社员俘获信贷资源"的使命漂移行为，应推动合作社建立完善的内外部监督机制，保证合作社内信用合作信贷资源更多地向普通社员倾斜。

9.3　进一步讨论

本书试图从合作社内信用合作达成和治理两个层面，进行探讨研究农民专业合作社内信用合作活动达成机理以及存在使命漂移等治理失效现象的原因。

从社员层面来看，合作社与社员之间存在的生产合作关系为合作社内信用合作达成提供了业缘基础，因此以生产合作关系为基础的信用合作行为，对于缓解合作社社员融资难问题具有重要的现实意义。

从合作社层面来看，外部政府规制和内部治理是合作社内信用合作能够实现社会性使命和财务可持续目标的重要保障。但是，外部政府规制的过度和内部治理设定的不合理，也会导致合作社内信用合作的"不可持续"，而政府规制和内部治理的虚置，又会导致合作社内信用合作的"使命漂移"。因此，如何设定合理的外部政府规制和内部治理制度，对于合作社内信用合作的达成和有效治理具有重要意义。限于样本的有限性，本书未能找到外部政府规制和内部治理的有效尺度。对此，有待随着合作社内信用合作发展，做进一步探讨研究。

参 考 文 献

［1］ Akerlof G A. The market for lemons: Qualitative uncertainty and the market mechanism ［J］. Quarterly Journal of Economics, 1970, 84 (3) .

［2］ Amburgey T L, Dacin T. Evolutionary development of credit unions ［M］. Madison, WI: Filene Research Institute, 1993.

［3］ Andrew C. Worthington. The determinants of non-bank financial institution efficiency: A stochastic cost frontier approach ［J］. Applied Financial Economics, 1998, 8 (3): 279-287.

［4］ Armendáriz B, D'Espallier B, Hudon M, et al. Subsidy uncertainty and microfinance mission drift ［J］. Available at SSRN 1731265, 2013.

［5］ Bandura A. Human agency in social cognitive theory ［J］. American psychologist, 1989, 44 (9): 1175.

［6］ Banerjee A V, Besley T, Guinnane T W. Thy neighbor's keeper: The design of a credit cooperative with theory and a test ［J］. The Quarterly Journal of Economics, 1994, 109 (2): 491-515.

［7］ Baron R M, Kenny D A. The moderator - mediator variable distinction in social psychological research: Conceptual, strategic, and statistical considerations ［J］. Journal of personality and social psychology, 1986, 51 (6): 1173.

[8] Barry T A, Tacneng R. The impact of governance and institutional quality on MFI outreach and financial performance in Sub-Saharan Africa [J]. World Development, 2014 (58): 1-20.

[9] Bauer K J, Miles L L, Nishikawa T. The effect of mergers on credit union performance [J]. Journal of Banking & Finance, 2009, 33 (12): 2267-2274.

[10] Bell C. The Choice of Tenancy Contract [M]. The Balance between Industry and Agriculture in Economic Development, 1989.

[11] Berger A N, Demsetz R S, Strahan P E. The consolidation of the financial services industry: Causes, consequences, and implications for the future [J]. Journal of Banking & Finance, 1999, 23 (2-4): 135-194.

[12] Berger A N, Frame W S. Small business credit scoring and credit availability [J]. Journal of small business management, 2007, 45 (1): 5-22.

[13] Berger A N, Herring R J, Szegö G P. The role of capital in financial institutions [J]. Journal of Banking & Finance, 1995, 19 (3-4): 393-430.

[14] Berger A N, Udell G F. Small business credit availability and relationship lending: The importance of bank organisational structure [J]. The economic journal, 2002, 112 (477): F32-F53.

[15] Black H, Dugger R H. Credit Union Structure, Growth and Regulatory Problems [J]. Journal of Finance, 1981, 36 (2): 529-538.

[16] Brown R, Brown R, O'connor I. Efficiency, bond of asso-

ciation and exit patterns in credit unions: Australian evidence [J].
Annals of Public and Cooperative Economics, 1999, 70 (1): 5-23.

[17] Christen R P, Lyman T R, Rosenberg R. Microfinance con-
sensus guidelines: Guiding principles on regulation and supervision of
microfinance [J]. Cgap & World Bank Washington DC, 2003.

[18] Coase R H. The problem of social cost [M]. Classic papers
in natural resource economics. Palgrave Macmillan, London, 1960.

[19] Cole H L, Kehoe P J. Reputation spillover across relation-
ships with enduring and transient beliefs: Reviving Reputation models of
debt [R]. National Bureau of Economic Research, 1996.

[20] Conning J. Outreach, sustainability and leverage in moni-
tored and peer-monitored lending [J]. Journal of Development Econ
omics, 1999, 60 (1): 51-77.

[21] Cook T, D'Antonio L. Credit union taxation: Competitive
effects [M]. Education in Asia and Oceania Unesco, 2006.

[22] Copestake J. Mainstreaming microfinance: Social performance
management or mission drift? [J]. World Development, 2007, 35 (10):
1721-1738.

[23] Cowan K, Drexler A, Yañez Á. The effect of credit guarantees
on credit availability and delinquency rates [J]. Journal of Banking & Fina
nce, 2015 (59): 98-110.

[24] Crapp H R. Scale Economies in the N. S. W. Credit Union
Industry [J] . Australian Journal of Management, 1983, 8 (1):
35-48.

[25] Croteau J T. The federal credit union: policy and practice
[R]. 1956.

［26］ Cull R，Demirgu ̈ ç - Kunt A，Morduch J. Financial per-
formance and outreach：A global analysis of leading microbanks ［J］.
The Economic Journal，2007，117 (517)：F107-F133.

［27］ Damar E，Hunnicutt Lynn. Credit Union Membership and
Use of Internet Banking Technology ［J］. B. E. journal of Economic
Analysis & Policy，2010，10 (1)：38.

［28］ Dandapani K，Karels G V，Lawrence E R. Internet banking
services and credit union performance ［J］. Managerial Finance，2008，
34 (6)：437-446.

［29］ Davis K. Can Credit Unions Survive in Australia? ［J］. Agenda
a Journal of Policy Analysis & Reform，1997，4 (3)：317-327.

［30］ Davis K. Prudential Regulation and Australian Credit Unions
［J］. Australian Journal of Management，1994，19 (1)：31-46.

［31］ Deyoung R，Evanoff D D，Molyneux P. Mergers and Acqui-
sitions of Financial Institutions：A Review of the Post-2000 Literature
［J］. Journal of Financial Services Research，2009，36 (2-3)：87-
110.

［32］ Donald J. Smith. A test for variant objective functions in
credit unions ［J］. Applied Economics，1986，18 (9)：959-970.

［33］ Donal McKillop，Charles Ferguson，Dermot Nesbitt. Paired
difference analysis of size economies in UK credit unions ［J］. Applied
Economics，1995，27 (6)：529-537.

［34］ Dorfleitner G，Priberny C，Röhe M. Why do microfinance
institutions fail socially? A global empirical examination ［J］. Finance
Research Letters，2017 (22)：81-89.

［35］ Dowla A. In credit we trust：Building social capital by

Grameen Bank in Bangladesh［J］.The Journal of Socio‐Economics, 2006, 35（1）: 102-122.

［36］Dran J J. A Cost Study of Ohio Credit Unions［J］.Journal of Finance, 2012, 26（1）: 178-179.

［37］Ely D. Credit unions and risk［J］.Journal of Regulatory Economics, 2014, 46（1）: 80-111.

［38］Emmons W R, Schmid F A. Credit Unions and the Common Bond［J］.Federal Reserve Bank of St Louis Review, 1999, 81（Sep）: 41-64.

［39］Esho N, Kofman P, Sharpe I G. Diversification, Fee Income, and Credit Union Risk［J］.Journal of Financial Services Research, 2005, 27（3）: 259-281.

［40］Esho N. Scale Economies in Credit Unions: Accounting for Subsidies Is Important［J］.Journal of Financial Services Research, 2000, 18（1）: 29-43.

［41］Esho N. The determinants of cost efficiency in cooperativefinancial institutions: Australian evidence［J］.Journal of Banking & Finance, 2001, 25（5）: 941-964.

［42］Flannery M J. An economic evaluation of credit unions in the United States［M］.Federal Reserve Bank of Boston, 1974.

［43］Flavell J H, Miller P H, Miller S A. Cognitive development［M］.Englewood Cliffs, NJ: Prentice-Hall, 1985.

［44］Frame W S, Coelli T J. U. S. Financial Services Consolidation: The Case of Corporate Credit Unions［J］.Review of Industrial Organization, 2001, 18（2）: 229-241.

［45］Frame W S , Karels G V , Mcclatchey C . The Effect of the

Common Bond and Membership Expansion on Credit Union Risk [J].
Financial Review, 2002, 37 (4): 613-636.

[46] Frame W S, White L J. Technological Change, Financial Innovation, and Diffusion in Banking [J]. Federal Reserve Bank of Atlanta Working Paper, 2009.

[47] Francisco Frobs. Credit Union Failures and Insurance Fund Losses: 1971-2004 [J]. Federal Reserve Bank San Francisco, 2005 (20).

[48] Fried H O, Lovell C A K, Eeckaut P V. Evaluating the performance of US credit unions [J]. Journal of Banking & Finance, 1993, 17 (2-3): 251-265.

[49] Fried H O, Lovell C A K, Yaisawarng S. The impact of mergers on credit union service provision [J]. Journal of Banking & Finance, 1999, 23 (2-4): 367-386.

[50] Furubotn E G, Richter R. Institutions and economic theory: The contribution of the new institutional economics [M]. University of Michigan Press, 2010.

[51] Gai P, Vause N. Measuring Investors' Risk Appetite [J]. Social Science Electronic Publishing, 2005, 2 (1).

[52] Galema R, Lensink B W. Social Investment in Microfinance: The Trade-Off between Risk, Return and Outreach to the Poor [M]. The Handbook of Microfinance, 2011.

[53] Garden K A, Ralston D E. The x-efficiency and allocative efficiency effects of credit union mergers [J]. Journal of International Financial Markets Institutions & Money, 1999, 9 (3): 285-301.

[54] Glass J C, Mckillop D G, Rasaratnam S. Irish credit

unions: Investigating performance determinants and the opportunity cost of regulatory compliance [J]. Journal of Banking & Finance, 2010, 34 (1): 67-76.

[55] Goddard J, Mckillop D G, Wilson J O S. Consolidation in the US Credit Union Sector: Determinants of Failure and Acquisition [J]. Social Science Electronic Publishing, 2008.

[56] Goddard J, Mckillop D, Wilson J O S. Regulatory Change and Capital Adjustment of US Credit Unions [J]. Journal of Financial Services Research, 2016, 50 (1): 29-55.

[57] Goddard J, Mckillop D, Wilson J O S. The diversification and financial performance of US credit unions [J]. Journal of Banking and Finance, 2008, 32 (9): 1836-1849.

[58] Goenner C F. The Policy Impact of New Rules for Loan Participation on Credit Union Returns [J]. Journal of Banking & Finance, 2016 (73): 198-210.

[59] Guinnane T W. A Failed Institutional Transplant: Raiffeisen's Credit Cooperatives in Ireland, 1894-1914 [J]. Explorations in Economic History, 1992, 31 (165): 38-61.

[60] Hartarska V, Nadolnyak D. Do regulated microfinance institutions achieve better sustainability and outreach? Cross - country evidence [J]. Applied economics, 2007, 39 (10): 1207-1222.

[61] Hermes N, Lensink R. Microfinance: Its impact, outreach, and sustainability [J]. World Development, 2011, 39 (6): 875-881.

[62] Holmström B. Managerial incentive problems: A dynamic perspective [J]. The Review of Economic Studies, 1999, 66 (1):

169-182.

[63] Hsee C K , Weber E U . A Fundamental Prediction Error: Self-Others Discrepancies in Risk Preference [J]. Journal of Experimental Psychology General, 2006, 126 (1): 45-53.

[64] Institutional metamorphosis: Transformation of microfinance NGOs into regulated financial institutions [M]. MicroFinance Network, 1999.

[65] Isbister J. Thin Cats: The Community Development Credit Union Movement in the US [J]. Research Reports, 1994.

[66] Jackson K. Building reputational capital [J]. Strategies for Integrity and Fair Play that Improve the Bottom Line. UK: Oxford University Press, 2004.

[67] Jaffee D M, Russell T. Imperfect information, uncertainty, and credit rationing [J]. The Quarterly Journal of Economics, 1976, 90 (4): 651-666.

[68] Jensen M C. The modern industrial revolution, exit, and the failure of internal control systems [J]. The Journal of Finance, 1993, 48 (3): 831-880.

[69] Jones B L. A Model of Cooperative Finance: Comment [J]. American Journal of Agricultural Economics, 1986, 68 (1): 170-172.

[70] Karels G V, Mcclatchey C A. Deposit insurance and risk - taking behavior in the credit union industry [J]. Journal of Banking & Finance, 1999, 23 (1): 105-134.

[71] Kennes J, Schiff A. The value of a reputation system [J]. Economics working paper archive at WUSTL, 2002.

[72] Kim H Y. Economies of Scale and Economies of Scope in Multiproduct Financial Institutions: Further Evidence from Credit Unions [J].

Journal of Money Credit & Banking, 1986, 18 (2): 220-226.

[73] Kohers T, Rao S M. The Choice of Regulatory Regime and Its Effect on Financial Profile: A Study of Credit Union Chartering [J]. American Business Review, 1988.

[74] Kreps D M, Wilson R. Reputation and imperfect information [J]. Journal of Economic Theory, 1982, 27 (2): 253-279.

[75] Lee T H, ChihS H. Does Financial Regulation Enhance or Impede the Efficiency of China's Listed Commercial Banks? A Dynamic Perspective [J]. Emerging Markets Finance and Trade, 2013, 49 (s4): 132-149.

[76] Leggett K J, Stewart Y H. Multiple common bond credit unions and the allocation of benefits [J]. Journal of Economics & Finance, 1999, 23 (3): 235-245.

[77] Libecap G D. Property rights in economic history: Implications for research [J]. Explorations in Economic History, 1986, 23 (3): 227-252.

[78] Lusk J L, Coble K H. Risk Perceptions, Risk Preference, and Acceptance of Risky Food [J]. American Journal of Agricultural Economics, 2005, 87 (2): 393-405.

[79] Mcalevey L, Sibbald A, Tripe D. New Zealand Credit Union Mergers [J]. Annals of Public & Cooperative Economics, 2010, 81 (3): 423-444.

[80] Mckillop D, Ferguson C. An Examination of Borrower Orientation and Scale Effects in UK Credit Unions [J]. Annals of Public & Cooperative Economics, 2015, 69 (2): 219-242.

[81] Mckillop D, Ferguson C, Goth P. Building better credit unions

[M]. Joseph Rowntree Foundation, 2006.

[82] Mckillop D G, Glass J C, Ferguson C. Investigating the cost performance of UK credit unions using radial and non-radial efficiency measures [J]. Journal of Banking & Finance, 2002, 26 (8): 1563-1591.

[83] Mckillop D G, Hyndman N S, Goth P. The Structure, Performance and Governance of Irish Credit Unions [J]. Gill & Mcmillan Institute of Chartered Accountants in Ireland, 2006.

[84] Mckillop D G, Quinn B. A Sustainable Business Model Strategy for Irish Credit Unions: Does One Size Fit All? [J]. Social Science Electronic Publishing, 2015.

[85] Mckillop D G, Ward A, Glass J C. Cost Efficiency, Environmental Influences and UK Credit Unions, 1991 to 2001 [J]. Managerial Finance, 2005, 3 (11): 82-86.

[86] Mersland R, Strøm R Ø. Microfinance mission drift? [J]. World Development, 2010, 38 (1): 28-36.

[87] Mersland R, Strøm R Ø. Performanceand governance in microfinance institutions [J]. Journal of Banking & Finance, 2009, 33 (4): 662-669.

[88] Mia M A, Lee H A. Mission drift and ethical crisis in microfinance institutions: What matters? [J]. Journal of Cleaner Production, 2017 (164): 102-114.

[89] Milgrom P R, North D C, Weingast B R. The role of institutions in the revival of trade: The law merchant, private judges, and the champagne fairs [J]. Economics & Politics, 1990, 2 (1): 1-23.

[90] Morduch J. The microfinance promise [J]. Journal of Eco-

nomic Literature, 1999, 37 (4): 1569-1614.

[91] Mosley P, Hulme D. Microenterprise finance: Is there a conflict between growth and poverty alleviation? [J]. World development, 1998, 26 (5): 783-790.

[92] Murray J D, White R W. Economies of Scale and Economies of Scope in Multiproduct Financial Institutions: A Study of British Columbia Credit Unions [J]. Journal of Finance, 2012, 38 (3): 887-902.

[93] Mushinski D W. An analysis of offer functions of banks and credit unions in Guatemala [J]. The Journal of Development Studies, 1999, 36 (2): 88-112.

[94] Patin Jr R P, McNiel D W. Benefit imbalances among credit union member groups: Evidence of borrower-dominated, saver-dominated and neutral behaviour? [J]. Applied Economics, 1991, 23 (4): 769-780.

[95] Patin Jr R P, McNiel D W. Member group orientation of credit unions and total member benefits [J]. Review of Social Economy, 1991, 49 (1): 37-61.

[96] Pille P, Paradi J C. Financial performance analysis of Ontario (Canada) Credit Unions: An application of DEA in the regulatory environment [J]. European Journal of Operational Research, 2002, 139 (2): 339-350.

[97] Rauterkus A, Ramamonjiarivelo Z H. Why Choose a Credit Union? Determinants of Credit Union Deposits [J]. Ssrn Electronic Journal, 2010.

[98] Rubin G M, Overstreet G A, Beling P, et al. A dynamic theory of the credit union [J]. Annals of Operations Research, 2013,

205 (1): 29-53.

[99] Schreiner M. Aspects of outreach: A framework for discussion of the social benefits of microfinance [J]. Journal of international development, 2002, 14 (5): 591-603.

[100] Shleifer A, Vishny R W. A survey of corporate governance [J]. The Journal of Finance, 1997, 52 (2): 737-783.

[101] Smith D J, Cargill T F, Meyer R A. An Economic Theory of a Credit Union [J]. Journal of Finance, 1981, 36 (2): 519-528.

[102] Smith D J. Credit Union Rate and Earnings Retention Decisions under Uncertainty and Taxation [J]. Journal of Money Credit & Banking, 1988, 20 (1): 119-131.

[103] Soane E, Chmiel N. Are risk preferences consistent?: The influence of decision domain and personality [J]. Personality & Individual Differences, 2005, 38 (8): 1781-1791.

[104] Soane E C. The influence of individual differences and decision domain in the consistency of risk preferences [C]. University of Sheffield, 2001.

[105] Spagnolo G. Social relations and cooperation in organizations [J]. Journal of Economic Behavior & Organization, 1999, 38 (1): 1-25.

[106] Stiglitz J E. Peer monitoring and credit markets [J]. The world bank economic review, 1990, 4 (3): 351-366.

[107] Stiglitz J E, Weiss A. Credit Rationing in Markets with Imperfect Information [J]. American Economic Review, 1981, 71 (3): 393-410.

[108] Tadelis S. What's in a Name? Reputation as a Tradeable

Asset [J]. American Economic Review, 1999, 89 (3): 548-563.

[109] Taylor R A. The Credit Union as a Cooperative Institution [J]. Review of Social Economy, 1971, 29 (2): 207-217.

[110] Tokle R J, Jr T M F, Walke A G. Credit union loan rate determinants following the 2008 financial crisis [J]. Social Science Journal, 2015, 52 (3): 364-373.

[111] Vanroose A, D'Espallier B. Do microfinance institutions accomplish their mission? Evidence from the relationship between traditional financial sector development and microfinance institutions' outreach and performance [J]. Applied Economics, 2013, 45 (15): 1965-1982.

[112] Walker M C, Chandler G G. On the allocation of the net monetary benefits of credit union membership [J]. Review of Social Economy, 1977, 35 (2): 159-168.

[113] Wheelock D C, Wilson P. Robust, dynamic nonparametric benchmarking: The evolution of cost-productivity and efficiency among U. S. credit unions [C]// Federal Reserve Bank of St. Louis, 2009: 75-88.

[114] Wheelock D C, Wilson P W. The evolution of cost-productivity and efficiency among US credit unions [J]. Journal of Banking & Finance, 2013, 37 (1): 75-88.

[115] Wilcox J A. Credit union failures and insurance fund losses: 1971-2004 [J]. Frbsf Economic Letter, 2005 (8).

[116] Williamson O E. Transaction cost economics [J]. Handbook of industrial organization, 1989 (1): 135-182.

[117] Woller G M, Dunford C, Woodworth W. Where to microfi-

nance [J]. International Journal of Economic Development, 1999, 1 (1): 29-64.

[118] Worthington A C. Determinants of merger and acquisition activity in Australian cooperative deposit - taking institutions [J]. Journal of Business Research, 2004, 57 (1): 47-57.

[119] 蔡勤禹, 侯德彤. 二三十年代华洋义赈会的信用合作试验 [J]. 中国农史, 2005 (1): 79-87.

[120] 陈东平, 钱卓林. 资本累积不必然引起农村资金互助社使命漂移——以江苏省滨海县为例 [J]. 农业经济问题, 2015, 36 (3): 40-46, 110-111.

[121] 陈东平, 任芃兴. 成员异质性与农村资金互助组织非"民主治理"——以苏北地区为例 [J]. 南京农业大学学报 (社会科学版), 2013, 13 (4): 45-53.

[122] 陈东平, 张雷, 高名姿. 互联性交易与股份合作制专业合作社内信用合作契约治理研究——以旺庄果品专业合作社为例 [J]. 农业经济问题, 2017, 38 (5): 28-35, 110.

[123] 陈东平, 张雷, 张蕴嘉. 资金互助组织"隧道行为"及其抑制措施——以苏北 22 家资金互助社为例 [J]. 金融经济学研究, 2017, 32 (1): 121-128.

[124] 陈东平, 周振. 农村资金互助社的内部治理机制缘何"异化"?——社员合作博弈的视角与来自浙南 M 镇的证据 [J]. 江苏社会科学, 2012 (2): 62-67.

[125] 陈东平, 周振. 组织场域对新型农村合作金融机构支农绩效的影响——以盐城市试点为例的实证研究 [J]. 农业经济问题, 2012, 33 (2): 50-56.

[126] 陈冬宇. 基于社会认知理论的 P2P 网络放贷交易信任

研究 [J]. 南开管理评论, 2014, 17 (3): 40-48, 73.

[127] 陈冬宇, 朱浩, 郑海超. 风险、信任和出借意愿——基于拍拍贷注册用户的实证研究 [J]. 管理评论, 2014, 26 (1): 150-158.

[128] 陈立辉, 刘西川. 农村资金互助社异化与治理制度重构 [J]. 南京农业大学学报 (社会科学版), 2016, 16 (3): 111-122, 159-160.

[129] 德布拉吉·瑞. 发展经济学 [M]. 陶然, 等译. 北京: 北京大学出版社, 2002.

[130] 董晓林, 徐虹, 易俊. 中国农村资金互助社的社员利益倾向: 判断、影响与解释 [J]. 中国农村经济, 2012 (10): 69-77.

[131] 董晓林, 张晓艳, 叶天天. 农户参与农民资金互助社行为的影响因素分析——基于江苏省 3 市 4 县 (区) 825 户农户的调查数据 [J]. 中国农村观察, 2013 (3): 30-39, 53, 91.

[132] 董晓林, 朱敏杰, 张晓艳. 农民资金互助社对农户正规信贷配给的影响机制分析——基于合作金融 "共跻监督" 的视角 [J]. 中国农村观察, 2016 (1): 63-74.

[133] 高俊, 刘亚慧, 温铁军. 农村小微金融 "内部化悖论" 的案例分析 [J]. 中国农村观察, 2016 (6): 2-11, 96.

[134] 耿欣, 冯波. 小额贷款公司运营及其可持续发展研究——以山东小贷公司为例 [J]. 山东社会科学, 2015 (1): 131-135.

[135] 韩俊, 罗丹, 程郁. 信贷约束下农户借贷需求行为的实证研究 [J]. 农业经济问题, 2007 (2): 44-52, 111.

[136] 何广文, 何婧, 郭沛. 再议农户信贷需求及其信贷可得性 [J]. 农业经济问题, 2018 (2): 38-49.

[137] 黄迈，谭智心，汪小亚．当前中国农民合作社开展信用合作的典型模式、问题与建议 [J]．西部论坛，2019（3）：70-7.

[138] 黄祖辉，高钰玲．农民专业合作社服务功能的实现程度及其影响因素 [J]．中国农村经济，2012（7）：4-16.

[139] 黄祖辉，俞宁．新型农业经营主体：现状、约束与发展思路——以浙江省为例的分析 [J]．中国农村经济，2010（10）：16-26，56.

[140] 季丽新．法律与政策互联互动视野下的农民专业合作社信用业务发展研究——以 S 玉米专业合作社为例 [J]．探索，2015（2）：177-181.

[141] 贾晋，申云．农村资金互助社的最优互助金规模研究 [J]．华南农业大学学报（社会科学版），2017，16（2）：47-59.

[142] 姜斐然．内生型农村资金互助模式探究——基于山东省蒙阴县农民专业合作社的实证分析 [J]．西南民族大学学报（人文社会科学版），2011，32（7）：143-148.

[143] 金仁旻，刘志阳．使命漂移：双重目标压力下的社会企业治理研究 [J]．福建论坛（人文社会科学版），2016（9）：15-21.

[144] 孔祥智．从"大小联合"看联合社作用 [J]．中国农民合作社，2017（8）：33.

[145] 兰永海，高俊，温铁军．农村资金互助组织的三种不同类型及其比较研究 [J]．贵州社会科学，2018（1）：148-153.

[146] 蓝虹，穆争社．农村互助资金风险防范机制研究 [J]．南方金融，2017（1）：56-62.

[147] 李明贤，周蓉．社会信任、关系网络与合作社社员资金互助行为——基于一个典型案例研究 [J]．农业经济问题，

2018（5）：103-113.

[148] 李润平，周灵灵. 农民专业合作社的融资诉求及其影响因素研究——基于河北、安徽两省问卷调查数据的实证分析 [J]. 经济经纬，2014，31（3）：20-25.

[149] 李延喜，吴笛，肖峰雷，姚宏. 声誉理论研究述评 [J]. 管理评论，2010，22（10）：3-11.

[150] 林乐芬，赵倩，沈建芬. 准新型农村金融机构运行绩效及影响因素研究——基于 28 家农民资金互助合作社的调查 [J]. 南京农业大学学报（社会科学版），2013，13（2）：50-59.

[151] 刘冬文. 农民专业合作社融资困境：理论解释与案例分析 [J]. 农业经济问题，2018（3）：78-86.

[152] 刘西川，陈立辉，杨奇明. 成员主导型金融组织治理：理论框架与比较分析 [J]. 农业经济问题，2014，35（10）：70-80，111.

[153] 刘西川，钟觅琦. 合作金融组织剩余控制权安排的另一种可能——分权型及半阁村实例 [J]. 财贸经济，2018，39（10）：91-104，144.

[154] 刘杨. 农民专业合作社内部信用合作的法理探析——以农民信用合作权为视角 [J]. 学术论坛，2014，37（10）：145-148，162.

[155] 刘志阳，李斌，陈和午. 企业家精神视角下的社会创业研究 [J]. 管理世界，2018，34（11）：171-173.

[156] 楼栋，方晨晨，林光杰. 农民专业合作社内部资金互助参与意愿因素分析——基于浙江、山东部分农民专业合作社社员的调查 [J]. 西北农林科技大学学报（社会科学版），2013，13（6）：14-19.

［157］陆磊，丁俊峰．中国农村合作金融转型的理论分析
［J］．金融研究，2006（6）：1-14．

［158］罗必良．村庄环境条件下的组织特性、声誉机制与关
联博弈［J］．改革，2009（2）：72-80．

［159］罗斌．中国农村合作金融发展研究［D］．北京林业大
学，2013．

［160］罗然然．我国农村信用社改革研究［D］．西南财经大
学，2011．

［161］罗兴．金融企业家、非正式制度与内生性农村"影子
银行"［D］．中国人民大学，2017．

［162］马九杰，张永升，佘春来．基于订单农业发展的农业
价值链金融创新策略与案例分析［J］．农村金融研究，2011（7）：
11-17．

［163］毛飞，王旭，孔祥智．农民专业合作社融资服务供给
及其影响因素［J］．中国软科学，2014（7）：26-39．

［164］聂左玲，汪崇金．专业合作社信用互助：山东试点研
究［J］．农业经济问题，2017，38（11）：23-30，110．

［165］潘军昌，高名姿，陈东平．关系型借贷：破解"三
农"融资难题的技术选择［J］．农业经济问题，2008（3）：18-
21，110．

［166］齐良书，李子奈．农村资金互助社相关政策研究——基
于社员利益最大化模型的分析［J］．农村经济，2009（10）：55-60．

［167］秦月乔．村级发展互助资金组织的治理制度与效率研
究［D］．浙江理工大学，2017．

［168］青木昌彦．比较制度分析［M］．周黎安，译．上海：
上海远东出版社，2002．

［169］曲小刚，罗剑朝．新型农村金融机构可持续发展的现状、制约因素和对策［J］．中国农业大学学报（社会科学版），2013，30（2）：137-146．

［170］曲小刚．农村正规金融机构双重目标兼顾研究［D］．西北农林科技大学，2013．

［171］戎承法，楼栋．专业合作基础上发展资金互助的效果及其影响因素分析——基于九省68家开展资金互助业务的农民专业合作社的调查［J］．农业经济问题，2011，32（10）：89-95，112．

［172］商文莉，郑少锋．金融许可和依托组织对农村资金互助组织效率影响研究［J］．南京农业大学学报（社会科学版），2015，15（6）：88-96，139．

［173］尚永辉，艾时钟，王凤艳．基于社会认知理论的虚拟社区成员知识共享行为实证研究［J］．科技进步与对策，2012，29（7）：127-132．

［174］邵传林．金融"新政"背景下农村资金互助社的现实困境——基于2个村的个案研究［J］．上海经济研究，2010（6）：27-35．

［175］时蓉华．现代社会心理学［M］．上海：华东师范大学出版社，1989．

［176］苏冬蔚，陈纯纯，许振国，李斌．商业银行社会网络与微型金融可持续发展［J］．经济研究，2017，52（2）：140-155．

［177］孙同全．从制度变迁的多重逻辑看农民资金互助监管的困境与出路［J］．中国农村经济，2018（4）：41-53．

［178］孙亚范，余海鹏．农民专业合作社成员合作意愿及影

响因素分析 [J]. 中国农村经济, 2012 (6)：48-58, 71.

[179] 汪小亚. 发展新型农村合作金融 [J]. 中国金融, 2014 (5)：22-24.

[180] 王刚贞. 农村资金互助社绩效评价研究——基于安徽太湖的案例 [J]. 财贸研究, 2012, 23 (6)：51-59.

[181] 王俊凤, 庞博, 杨德光. 农民专业合作社内部资金互助的运行机理研究 [J]. 学习与探索, 2017 (3)：125-130.

[182] 王璐, 吴东立. 基于 AHP 的农民合作社信用合作风险评价指标体系的构建 [J]. 江苏农业科学, 2017, 45 (20)：330-334, 340.

[183] 王曙光. 警惕新型农村合作金融风险 [N]. 第一财经日报, 2014-03-14 (B05).

[184] 王曙光. 农民合作社的全要素合作、政府支持与可持续发展 [J]. 农村经济, 2008 (11)：3-6.

[185] 王玮, 何广文. 社区规范与农村资金互助社运行机制研究 [J]. 农业经济问题, 2008 (9)：23-28, 110.

[186] 王永钦. 市场互联性、关系型合约与经济转型 [J]. 经济研究, 2006 (6)：79-91.

[187] 温涛, 朱炯, 王小华. 中国农贷的"精英俘获"机制：贫困县与非贫困县的分层比较 [J]. 经济研究, 2016, 51 (2)：111-125.

[188] 翁舟杰. 关系型贷款、市场结构与小额贷款公司使命漂移 [J]. 管理科学学报, 2018, 21 (4)：102-113.

[189] 毋俊芝, 安建平. 试论我国农村合作金融制度的异化 [J]. 农业经济问题, 2008 (2)：18-21.

[190] 吴诗嫚, 杨钢桥, 曾艳, 汪文雄. 农地整理项目后期

管护中农户出资行为研究——基于交易效用理论的实证分析 [J].
中国人口·资源与环境，2014，24（5）：131-138.

[191] 吴晓灵. 有关合作金融发展的认识与政策支持问题
[J]. 金融研究，1997（2）：11-15.

[192] 夏英，宋彦峰，濮梦琪. 以农民专业合作社为基础的
资金互助制度分析 [J]. 农业经济问题，2010，31（4）：29-
33，110.

[193] 肖红军，阳镇. 共益企业：社会责任实践的合意性组
织范式 [J]. 中国工业经济，2018（7）：174-192.

[194] 谢平. 中国农村信用合作社体制改革的争论 [J]. 金
融研究，2001（1）：1-13.

[195] 徐小阳，路明慧. 基于社会认知理论的互联网金融理
财产品购买行为研究 [J]. 软科学，2017，31（5）：108-113.

[196] 徐旭初. 农民专业合作社开展信用合作正当时 [J].
农村工作通讯，2011（18）：11-13.

[197] 徐旭初. 农民专业合作组织立法的制度导向辨析——
以《浙江省农民专业合作社条例》为例 [J]. 中国农村经济，
2005（6）：19-24.

[198] 薛桂霞，孙炜琳. 对农民专业合作社开展信用合作的
思考 [J]. 农业经济问题，2013，34（4）：76-80.

[199] 杨虎锋，何广文. 治理机制对小额贷款公司绩效的影
响——基于169家小额贷款公司的实证分析 [J]. 中国农村经济，
2014（6）：74-82.

[200] 杨立社，杨彤. 农民专业合作社内部信用合作参与意
愿 [J]. 西北农林科技大学学报（社会科学版），2018，18（6）：
107-113.

［201］杨龙，张伟宾．基于准实验研究的互助资金益贫效果分析——来自5省1349户面板数据的证据［J］．中国农村经济，2015（7）：82-92.

［202］杨皖宁．农民专业合作社信用合作业务监管研究［J］．农村经济，2018（3）：70-76.

［203］姚伟，黄卓，郭磊．公司治理理论前沿综述［J］．经济研究，2003（5）：83-90，94.

［204］叶李伟，施佰发．金融扶贫背景下我国农村资金互助社绩效评价——基于福建省南安市助民合作社资金互助部的调研与案例分析［J］．福建论坛（人文社会科学版），2019（1）：195-202.

［205］应瑞瑶．江苏农民专业合作组织发展报告［M］．北京：科学出版社，2014.

［206］俞可平．经济全球化与治理的变迁［J］．哲学研究，2000（10）：17-24，79.

［207］苑鹏，彭莹莹．农民专业合作社开展信用合作的现状研究［J］．农村经济，2013（4）：3-6.

［208］曾康霖．我国农村金融模式的选择［J］．金融研究，2001（10）：32-41.

［209］詹莹．我国农村资金互助合作组织内部治理结构研究［D］．中国农业科学院，2015.

［210］张德元，潘纬．农民专业合作社内部资金互助行为的社会资本逻辑——以安徽J县惠民专业合作社为例［J］．农村经济，2016（1）：119-125.

［211］张康松，王梦婷，米运生．金融公共服务与农村信贷市场"使命漂移"的政策纠偏——基于门槛效应的理论与证据

[J].南方经济,2017(4):19-34.

[212]张雷,陈东平.生产合作声誉与信用合作道德风险控制[J].华南农业大学学报(社会科学版),2018,17(2):83-94.

[213]张连刚,支玲,谢彦明,张静.农民合作社发展顶层设计:政策演变与前瞻——基于中央"一号文件"的政策回顾[J].中国农村观察,2016(5):10-21,94.

[214]张龙耀,程恩江.我国农民专业合作经济组织融资问题研究[J].金融发展评论,2012(2):56-77.

[215]张龙耀,杨骏,程恩江.融资杠杆监管与小额贷款公司"覆盖率-可持续性"权衡——基于分层监管的准自然实验[J].金融研究,2016(6):142-158.

[216]张学姣.盐城市农民资金互助社内部治理调查研究[D].南京农业大学,2014.

[217]张照新.农村合作金融理论及其现实需求[J].中国农民合作社,2017(11):39-40.

[218]张正平,王麦秀.小额信贷机构能兼顾服务穷人与财务可持续的双重目标吗?——来自国际小额信贷市场的统计证据及其启示[J].农业经济问题,2012,33(1):98-109.

[219]赵锦春,包宗顺.互助金规模与农民资金互助合作社的稳健运行——基于股权结构的面板门限回归分析[J].农业技术经济,2015(12):16-31.

[220]赵锦春,包宗顺.农民资金互助合作社运行效率及影响因素研究[J].经济问题,2017(2):79-84.

[221]赵晓峰.模糊的边界与组织边界再生产:合作社信用合作的生长机制考察[J].学习与实践,2018(9):95-103.

［222］赵晓峰.农民合作社信用合作的生长机制分析［J］.西北农林科技大学学报（社会科学版），2017，17（6）：32-39.

［223］钟觅琦，刘西川.农村资金互助社大股东模式研究：欣禾案例［J］.金融发展研究，2018（11）：56-61.

［224］周金泉.治理理论综述——以法律、组织和市场为视角［J］.中南财经政法大学学报，2007（3）：28-34，143.

［225］周立.农村金融市场四大问题及其演化逻辑［J］.财贸经济，2007（2）：56-63，128-129.

［226］周孟亮.普惠金融视角下新型农村合作金融创新发展——兼谈"百信模式"与"山东模式"［J］.财经科学，2016（9）：14-23.

［227］朱阁，马龙，Sangwan Sunanda，吕廷杰.基于社会认知理论的消费者采用模型与实证研究［J］.南开管理评论，2010，13（3）：12-21.

［228］朱镇，赵晶.企业电子商务采纳的战略决策行为：基于社会认知理论的研究［J］.南开管理评论，2011，14（3）：151-160.

附　录

附录 1：山东省农民专业合作社信用互助业务试点管理暂行办法

第一章　总　则

第一条　为加强对农民专业合作社信用互助业务试点（以下简称"信用互助业务试点"）的监督管理，规范农民专业合作社资金融通行为，支持农民专业合作社和农业、农村经济发展，根据《中华人民共和国农民专业合作社法》和国家有关金融法规政策，制定本办法。

第二条　本办法所称农民专业合作社信用互助业务，是指在符合条件的农民专业合作社内部，经依法取得试点资格，以服务合作社生产流通为目的，由本社社员相互之间进行互助性信用合作的行为。

第三条　农民专业合作社信用互助业务试点坚持服务"三农"，

着眼解决农业农村"小额、分散"的资金需求；坚持社员制、封闭性、民主管理原则，不吸储放贷，不支付固定回报，不对外投资，不以盈利为目的；坚持社员自愿，互助合作，风险自担；坚持立足农村社区，社员管理，民主决策，公开透明；坚持独立核算，规范运营，遵纪守法，诚实守信。

第四条 信用互助业务试点实施属地管理。各县（市、区）政府是本辖区试点工作组织推动、监督管理和风险处置的第一责任人，有义务及时识别、预警和化解风险。省和设区市、县（市、区）地方金融监管局是本辖区信用互助业务试点的监督管理部门。县（市、区）地方金融监管局具体负责信用互助业务试点资格的认定、退出、日常监管和风险防范，以及相关管理政策的制定，并负责向同级政府及上级地方金融监管局报告工作。

第二章　资格认定

第五条 信用互助业务试点实行资格认定管理。自愿开展信用互助业务试点的农民专业合作社，应当向县（市、区）地方金融监管局提出书面申请，取得"农民专业合作社信用互助业务试点资格认定书"（以下简称"资格认定书"），并到工商行政管理部门办理变更登记后，方可开展试点。

第六条 农民专业合作社开展信用互助业务试点的地域范围，原则上不得超出其注册地所在行政村，确有需要的经县（市、区）地方金融监管局同意可适当扩大范围，但不得超出注册地所在乡（镇）。

第七条 申请开展信用互助业务试点的农民专业合作社，应当具备下列条件：

（一）已在工商行政管理部门登记，具有法人资格；

（二）运营规范，存续期原则上在 2 年以上；

（三）近 2 年年经营收入平均在 300 万元以上，固定资产在 50 万元以上；

（四）监管部门规定的其他条件。

第八条 申请开展信用互助业务试点的农民专业合作社，全体社员都应当作出书面承诺，自愿承担农民专业合作社信用互助业务试点风险，并签名盖章予以确认。

第九条 申请开展信用互助业务试点的农民专业合作社，应当单独设立信用互助业务部，并配备具备相应从业能力的部门经理和财务人员。

第十条 农民专业合作社申请开展信用互助业务试点，应当向所在县（市、区）地方金融监管局提出申请，并提交以下文件、资料：

（一）农民专业合作社符合本办法第七条相关规定的证明材料，以及农民专业合作社社员大会同意开展信用互助业务试点的决议；

（二）经全体社员同意修改，并签名、盖章的章程（草案）；

（三）理事、监事以及信用互助业务部经理和财务人员简历、有效身份证件、无犯罪记录证明、个人信用记录；

（四）社员名单及有关入社资格证明；

（五）社员出具的自愿承担风险的书面承诺；

（六）县（市、区）农民专业合作社业务主管部门出具的意见书；

（七）监管部门要求提交的其他文件、资料。

第十一条 县（市、区）地方金融监管局受理农民专业合作社申请开展信用互助业务试点的材料后，应当及时予以辅导。对符合本办法规定的，应当出具资格认定书。

第十二条　开展信用互助业务试点的农民专业合作社有下列变更事项之一的，应当向县（市、区）地方金融监管局报告，并到工商行政管理部门办理变更登记。

（一）变更名称或住所；

（二）变更社员；

（三）修改章程；

（四）更换理事长、监事长、信用互助业务部经理和财务人员；

（五）监管部门规定的其他变更事项。

第三章　社员管理

第十三条　开展信用互助业务试点的农民专业合作社应当置备社员名册，并报送县（市、区）地方金融监管局。社员发生变更的，应当自本财务年度终了之日起 30 日内，将法定代表人签署的社员名册报送监管部门和注册登记部门。社员名册载明的社员应当与实有社员相一致。有新社员入社的，还应当提交新社员的身份证明。

第十四条　农民专业合作社开展信用互助业务试点，只能向符合以下条件的社员吸收或发放资金：

（一）具有农民专业合作社社员资格 1 年以上；

（二）自然人社员的户口所在地或经常居住地、法人社员的注册地或主要经营场所，原则上应当在农民专业合作社所在行政村或乡（镇）；

（三）法人社员的主要生产经营活动与农民专业合作社业务直接相关，且近 2 年连续盈利；

（四）章程规定的其他条件。

第十五条 单个社员的资金存放额不得超过同期该合作社用于开展信用合作互助资金总额的 10%。自然人社员资金存放额原则上不超过所在县（市、区）上一年度农民人均纯收入的 3 倍。

第十六条 开展信用互助业务试点的农民专业合作社应当为参与信用互助业务试点的社员设立专门账户，并载明以下事项：

（一）社员的姓名、身份证号码、家庭住址；

（二）社员存放资金额、存放日期；

（三）社员借用的资金金额及日期。

社员账户应该在农民专业合作社内部进行公示，并允许社员查阅。

第四章　运营规则

第十七条 农民专业合作社开展信用互助业务试点的互助资金总额，原则上不超过 500 万元，确有需要的可适当扩大规模，但不得超过 1000 万元。互助资金来源包括符合条件的社员自愿承诺出借的资金和农民专业合作社货币股金等可用于互助的资金，其中货币股金、资本公积、盈余公积、未分配盈余、专项基金等，需经社员大会同意后方可用于信用互助业务试点。

第十八条 信用互助业务试点的资金用途，主要用于支持农民专业合作社生产经营的流动性资金需求；期限以半年以下为主，一般不超过 1 年；对单一社员发放不超过互助资金总额的 5%。

第十九条 开展信用互助业务试点的农民专业合作社应当建立

健全资金使用决策机制，成立由管理人员和社员代表组成的资金使用评议小组，每年对社员出资情况、信用状况、资金需求和使用成本公开评议 1 次，确定每位社员的授信额度并予以公示，社员可在授信额度内申请使用资金。开展信用互助业务试点的农民专业合作社应当制定资金发放前审查、发放时审批、发放后检查等审查程序和操作规程，健全内部控制机制，规范从业人员岗位职责，增强社员风险意识，有效控制风险。

第二十条　参与信用互助业务试点的农民专业合作社社员在其存放资金额内，可采取信用借款方式；超过其存放资金额的，应采取社员担保、联保方式，也可采取农房、林权、土地承包经营权抵（质）押等方式。

第二十一条　开展信用互助业务试点的农民专业合作社应当依照有关规定，建立健全与信用互助业务试点相适应的财务、会计制度，遵循审慎的会计原则，使用统一印制的信用互助业务试点专用账簿、凭证，真实记录并全面反映信用互助业务试点业务活动和财务状况。

开展信用互助业务试点的农民专业合作社应当单独组织编制互助资金年度盈余分配方案、亏损处理方案以及财务会计报告，供社员查阅。

第二十二条　农民专业合作社开展信用互助业务试点实行独立核算、自负盈亏，必须设立专门账户进行管理。信用互助业务在弥补亏损、提取公积金后的当年盈余为可分配盈余，分配盈余按交易额返还为主的原则进行分配，一般每年返还 1 次，具体分配办法按照章程规定或者经社员大会决议确定。

第二十三条　开展信用互助业务试点的农民专业合作社，应当选择 1 家银行业机构，作为其互助资金存放、支付及结算的唯一合作托管银行，合作托管银行采取招标形式择优确定。农民专业合作社及其监管部门应当与合作托管银行签订三方合作协议，合作托管银行应当为农民专业合作社信用互助业务试点提供业务指导、风险预警、财务辅导等服务。开展信用互助业务试点的农民专业合作社向社员吸收和发放资金，应当通过合作托管银行结算，由合作托管银行为社员办理结算户或银行卡。开展信用互助业务试点的农民专业合作社，不设资金池，吸收和发放资金以及结算均通过银行账户转账处理，原则上不允许进行现金交易。

第二十四条 有条件的农民专业合作社，经监管部门批准，可以与合作托管银行开展资金融通合作，协助合作托管银行办理贷前审查、贷后管理。经双方协商，合作托管银行可以为农民专业合作社信用互助业务试点提供必要的流动性支持，满足其季节性临时资金需求。

第二十五条 开展信用互助业务试点的农民专业合作社不得对外吸收存款，不得对外发放贷款，涉嫌非法集资的由有关部门依法处理。开展信用互助业务试点的农民专业合作社除允许设立 1 处固定经营场所外，不得对外设立营业柜台，不得设立分支机构，禁止进行大额现金交易，禁止现金在办公场所过夜。

第五章　监督管理

第二十六条 开展信用互助业务试点的农民专业合作社应当按季度将互助资金使用情况向社员列表公布，并向县（市、区）地方金融监管局报送相关财务报表数据，按年度报送合作社经营状况。农民专业合作社的法定代表人，应当对经其签署报送的上述报表的真实性承担责任。

第二十七条 开展信用互助业务试点的农民专业合作社的理事、监事、经理和信用互助业务部经理、财务人员应当具有从事信用合作所必备的知识和经验，各级地方金融监管局应当定期组织相关业务培训。信用互助业务部经理和财务人员上岗前必须通过地方金融监管部门组织的从业知识考试并取得任职资格。

第二十八条 农民专业合作社开展信用互助业务试点应将资格认定书悬挂在经营场所明显位置，以接受社员和社会监督。监管部门要建立社会监督举报制度，及时受理投诉举报，并将处理结果予以公布。

第二十九条 农民专业合作社在开展信用互助业务试点过程中发生社员大额借款逾期、被抢劫或诈骗、管理人员涉及严重违法犯罪等重大事项，或农民专业合作社自身发生可能影响信用互助业务试点的重大事项时，应当立即采取应急措施并及时向县（市、区）地方金融监管局报告。

第三十条 监管部门根据履行职责的需要和监管中发现的问题，可以与农民专业合作社的理事、监事、经理和信用互助业务部经理、财务人员进行监管谈话，要求其就业务活动和风险管理等重大事项作出说明。

第三十一条 县（市、区）地方金融监管局根据审慎监管的要求，有权依照有关程序和规定，采取下列措施对开展信用互助业务试点的农民专业合作社进行现场检查：

（一）进入农民专业合作社进行检查；

（二）询问农民专业合作社的工作人员，要求其对有关检查事项作出说明；

（三）查阅、复制与检查事项有关的文件、资料，对可能被转移、藏匿或者毁损的文件、资料予以封存；

（四）检查农民专业合作社电子计算机业务管理数据系统。

第三十二条 设区市地方金融监管局应当建立健全信用互助业务试点的信息资料收集、整理、统计分析制度，建立动态监测系统，对互助资金来源和用途、盈余分配、社员变化、风险情况等进行持续监测，按季度向省金融办报送统计数据。

第三十三条 农民专业合作社在开展信用互助业务试点过程中，存在下列情况之一的，县（市、区）地方金融监管局可通过与高管人员进行诚勉谈话、下发整改书等方式，责令其限期改正；存在严重违法违规行为的，应由有关机关依法追究相关负责人的法律责任；构成犯罪的，依法追究刑事责任。

（一）非法集资、吸收公众存款、高息放贷的；

（二）擅自设立分支机构和对外经营的；

（三）未经审批擅自改变经营场所的；

（四）理事、监事、经理和信用互助业务部经理、财务人员贪污、挪用互助资金的；

（五）法律、法规、规章禁止的其他行为。

第三十四条 设区市和县（市、区）地方金融监管局应当会同有关部门建立信用互助业务试点突发事件的发现、报告和处置制度，制定处置预案，及时有效处置信用互助业务试点突发事件，并及时向同级政府和上级监管部门报告重大风险事件和处置情况。

第三十五条 开展信用互助业务试点的农民专业合作社应建立行业自律组织，履行自律、维权、服务等职责。省金融办负责对开展信用互助业务试点的农民专业合作社的行业性自律组织进行业务指导。

第三十六条 农民专业合作社开展信用互助业务试点有违法经营、经营管理不善等情形，将严重危害经济社会秩序、损害公众

利益的，由县（市、区）地方金融监管局撤销其试点资格。开展
信用互助业务试点的农民专业合作社经社员大会表决可以自愿退
出试点。农民专业合作社信用互助业务试点因被撤销或自愿退出
而终止试点的，应当向县（市、区）地方金融监管局缴回资格认
定书。

第六章　附　则

第三十七条 本办法由山东省金融工作办公室负责解释。

第三十八条 本办法自 2015 年 3 月 1 日起施行，有效期至
2017 年 2 月 28 日。

附录 2：关于规范开展农民合作社内部信用合作试点的业务指引

鼓励发展新型农村合作金融，稳步推进农民合作社内部信用
合作试点，引导促进合作社积极发展生产、供销、信用"三位一
体"综合合作，是中央和省委省政府的明确要求。现就做好全省
农民合作社内部信用合作试点工作提出如下业务指引。

一、坚持两个前提。开展内部信用合作试点必须坚持条件、
坚持自愿。试点合作社必须符合以下条件：（1）经工商（市场监
督管理）部门依法登记且规范运作 2 年以上；（2）省级及以上示
范社；（3）合作社及理事长无不良记录；（4）财务管理制度健
全，有专业会计人员，会计核算、财务管理、盈余分配规范；

（5）合作社联合社开展内部信用合作试点的，发起设立联合社的合作社应为省级及以上示范社。开展试点不搞强迫命令，具备试点条件的合作社应自愿向所在乡镇农经站（农业服务中心）提出申请，乡镇农经站提出初审意见后报县级农经部门，经县级农经部门审核同意并报市级农经部门和省农委备案后方能开展试点。开展试点的合作社列入省级农民合作社内部信用合作试点名单，主动接受业务指导部门的监督管理。

二、坚持六项原则。开展内部信用合作试点应严格遵循以下基本原则：（1）对内不对外。内部信用合作资金的筹集和使用对象必须严格限制在本社范围内，不得向非本社成员开展任何形式的吸股借款业务。开展内部信用合作必须严格限定在合作社经营场所内，不得对外设置门面开展业务。（2）吸股不吸储。内部信用合作资金以成员自愿缴纳的股金为主要来源，单个成员股金比例不得超过规定上限，不得常年、随时、超限额吸收股金，不得以任何形式变相吸储。（3）分红不分息。开展内部信用合作业务收益扣除风险金、管理费用等支出后产生的收益，应当依法按章分红。严禁事先设定入股股金的股息比例和承诺固定回报。（4）服务于产业。内部信用合作资金仅为成员发展农业生产经营活动提供资金互助业务，禁止用于其他非生产性活动。（5）风险可掌控。开展内部信用合作的合作社应建立健全风险预警和防范机制，根据成员生产发展需求确定适度的信用合作资金规模，确保内部信用资金安全稳健运行。（6）运行需独立。开展内部信用合作必须制定专门章程制度，内设专门机构，实行独立运行、单独核算和分配。

三、规范组织运行。开展内部信用合作试点的合作社必须制定服务号自身实际的信用合作章程和管理制度，经合作社成员

（代表）大会决议通过，严格按照试点要求和章程制度规定运行。需单独内设信用合作业务部门，统一使用"信用合作部"专属名称，由熟悉金融业务知识的人员出任负责人，根据业务需要配备专职人员。不得设立信用合作业务分支机构，不得委托代办员、协理员开展信用合作业务，不得对外设置门面开展业务。合作社成员可以全部或部分参与内部信用合作，参加信用合作的成员须载明在合作社成员名册中并入社 1 年以上，承认并遵守内部信用合作章程及相关管理制度规定，享有成员权利，承担成员义务与风险。成员应向信用合作成员发放记名凭证。记载相应事项。合作社应妥善保存档案资料，确保每个业务环节和每笔业务有迹可循、有证可查。

四、规范资金筹用。合作社内部信用合作资金主要包括成员实际入股股金、承诺股金、留存互助金、政府扶持资金与信用合作资金产生的利息。成员应以自有货币出资入股，不得以实物、贷款或其他方式出资入股。承诺股金是作为出借资金承诺，当有成员需要借款且通过审批后，出资成员应按承诺制度，将其资金转至合作社，合作社再将款项划拨至借款人。合作社每年吸纳成员股金次数原则上不超过 2 次，单个成员股金占比原则上不超过资金总额的 20%，筹资总额原则上不超过合作社上年度销售额的 30%，但最高不得超过 1000 万元。合作社应根据自身业务特点，确定成员借款额度与期限，借款期限原则上不得超过 1 年。成员借用资金应提供借款用途、经营规模、信用资质等相关证明，并按章程不高于当地农村商业银行（信用社）利率标准。合作社应加强内部信用合作资金管理，建立健全借款投放论证、审批责任制度，做好借前调查、借时审查、借后检查、逾期追查等工作。

五、规范财务管理。合作社开展内部信用合作试点应参照

《农民专业合作社财务会计制度（试行）》，建立专门账户、账簿和科目，使用统一的财务软件，试行单独财务核算，自担风险，自负盈亏。应就近选取一家商业银行作为合作托管银行，并签订托管协议。资金托管银行应加强对信用合作托管资金账户的监督和管理，并作为合作社开展信用合作业务指导、风险预警、财务辅导等服务。严禁将信用合作资金存入个人账户，不得用信用合作资金为任何单位和个人提供担保。合作社应接受业务监管部门委托的审计事务所定期开展内部信用合作业务审计，并及时向成员公开审计与业务开展情况。合作社应从内部信用合作收益中提取规定比例的风险准备金和公积金，并依法合规遵章规范分配。

六、强化指导监管。各级农经部门要加强组织领导，高度重视试点工作，相互配合，协调联动，加大对合作社内部信用合作试点业务的指导服务和监督管理。县级农经部门要明确责任科室，充实人员力量，形成主要领导亲自抓，分管领导具体抓、责任科室全程抓的工作格局。要借鉴宜兴市农民合作社内部信用合作部级试点经验做法，指导帮助合作社制定内部信用合作章程，建立健全业务操作流程、会计核算、风险管理、盈余分配等制度，为合作社稳妥规范开展试点提供制度机制保障。应指导试点合作社制定项目实施方案，管好用好省级项目支持资金。项目资金在留存一定比例风险准备金后，可用于采购硬件设备、购买软件系统、印购账簿凭证、适当补贴具体业务人员工资、制度审计费用等方面。县级农经部门应切实负起监督管理、风险防范化解处置的第一责任，采取定期和不定期上门检查抽查、使用统一的全省农民合作社内部信用合作监督管理系统、委托审计事务所对试点业务进行审计等方式方法，加强对试点合作社的业务监管。对开展业务不规范的，应及时督促合作社整改完善。对违规开展信用合作业务的，要责令限期整改，未达到整改要求的要取消试点资格。同时，应加强对试点合作社经营管理人员的教育培训，提高业务技能和管理水平，增强法律意识和风险意识。应加强对内部信用合作成员金融知识普及宣传，强化风险教育，提高对非法集资等违法行为的识别和防范能力，以促进试点工作顺利开展。

开展内部信用合作试点的合作社，要及时总结试点开展情况，每半年度向县级业务指导部门报送进展情况，每季度报送试点开展情况表（详见附件），县级部门汇总后统一报市级业务部门和省农委。

在开展试点过程中如遇问题，请及时与省农委农民合作社指导处联系。联系人：×××，联系电话：××××××。

附件：农民合作社开展内部信用合作试点情况表。

×× 省农委农民合作社指导处

2017 年 6 月 6 日

附录 3：农民合作社开展内部信用
合作试点情况表

附表 1　合作社基本情况表

合作社名称（盖章）：　　　　填报人：　　　　填报日期：

项目	单位	内容
成立时间		

续表

项目		单位	内容
现有成员		人	
理事长	姓名		
	性别		
	年龄	岁	
	学历		
	任职时间		
	其他任职和兼职		
示范社级别			
从事产业			
上年度销售额		万元	
财会人员	人数	人	
	其中：兼职人员数	人	

附表2 合作社内部信用合作试点情况表

合作社名称（盖章）：　　　填报人：　　　填报日期：

项目			单位	内容
开展时间				
现有成员			人	
组织运行与财务管理	是否制定专门章程			
	专门部门	是否设置专门部门		
		专门部门名称		
		专职人员数		
		兼职人员数		
	业务负责人姓名			
	是否发放记名凭证			
	借款评审委员会（小组）	是否成立		
		组成人数	人	
		负责人		
	是否建立专门账户、账簿和科目			

项目		单位	内容
组织 运行 与财 务管理	是否使用统一的财务软件		
	是否有合作托管银行		
	是否开展业务审计		
	是否公开信用合作业务		
入股情况	年度吸纳股次数	次	
	资格股金额	万元	
	入股成员数	人	
	入股金额 实际股金额	万元	
	入股金额 承诺股金额	万元	
	入股金额 个人最高出资额	万元	
	借款额 个人最低出资额	万元	
	借款额 借款额	万元	
	借款额 其中：有成员担保的借款额	万元	
	借款额 实物借出折合金额	万元	
	借款额 单笔最小额度	万元	
	借款额 单笔最大额度	万元	
	借款笔数	笔	
	借款期限 3个月（含）以下笔数	笔	
	借款期限 3~6个月（含）笔数	笔	
	借款期限 6~12个月（含）笔数	笔	
	借款期限 12个月以上笔数	笔	
	借款使用费率（月）	‰	
	当地农商行贷款月利率	‰	
	逾期与不良借款 逾期借款	万元	
	逾期与不良借款 不良借款	万元	
收益情况	借款使用费收入	万元	
	内部信用合作支出	万元	
	收益总额	万元	
	其中：提取风险金总额	万元	
	分红总额	万元	

附录4：专业合作社信用互助问卷调查（社员问卷）

地址：_____（市）_____（县）_____（镇）_____（村）

A 参与合作社情况

1. 参与合作社时间_____年

2. 在合作社属于何种身份？（ ）

　　0. 普通社员　　1. 核心社员（大户、出资人或发起人等）

3. 您家距离合作社所在地_____里，距离最近银行_____里

A0 参与合作社类型

1. 您参与合作社的产业类型是？（ ）

　　1. 种植类　　2. 养殖类　　3. 林木类

1.1 若是种植类，您的种植面积是_____，2016年产值是_____万元

1.2 若是养殖类，您的养殖面积或头数是_____，2016年产值是_____万元

1.3 若是林木类，您的种植面积是_____，2016年产值是_____万元

A1 参与合作社服务程度

1. 是否参与"生产资料团购"（ ）　　0. 否　　1. 是

2. 是否参与"农产品团销"（ ）　　0. 否　　1. 是

3. 是否参与"技术指导"　　（ ）　　0. 否　　1. 是

4. 是否利用"合作社品牌或品牌"（ ） 0. 否 1. 是

5. 是否参与"种苗供应"（ ） 0. 否 1. 是

6. 是否利用合作社冷库等其他服务（ ） 0. 否 1. 是

A2 参与合作社交易特征

1. 2016 年您参与合作社的生产合作交易（不包括农资赊购和资金借贷）_____笔

2. 2016 年您与合作社进行农资买卖、产品销售等活动的交易额是_____万元

3. 2016 年与其他社员相比，您与合作社之间的交易频率属于何种程度？（ ）

　1. 很低　　2. 较低　　3. 一般　　4. 较高　　5. 很高

4. 对合作社理事长的信任程度为（ ）

　1. 很信任　2. 信任　　3. 一般　　4. 不信任　5. 很不信任

5. 有无向合作社入股？（ ）

　1. 有 _____（万元）　　0. 无

A3 参与合作社生产经营情况

1. 有无参与合作社经营管理？（ ）

　1. 有　　　　　　　　0. 无

2. 有无参与合作社经营监督？（ ）

　1. 有　　　　　　　　0. 无

3. 有无参与生产合作社盈余分红？（ ）

　1. 有　　　　　　　　0. 无

3.1 若有，2016 年分红额度是_____万元

A4 农户交易特征与关系

2016 年以来，您的农业生产及交易情况：

年份	购买农资、雇工、租用农机	在合作社购买农资		接受农业技术培训	生产农产品	销售农产品
	万元	次数	万元	次数	斤	斤
2016						

1. 您拥有农机数量_____辆，价值_____万元。

2. 与理事长认识时间为_____年，与理事长联系频率为_____次/年。

3. 与合作社理事长关系为（　　）

　　1. 没有　　2. 较浅　　3. 一般　　4. 较深　　5. 非常深

B 参与信用合作情况

B0 信用合作参与特征

1. 合作社有无开展农资赊购或资金互助业务？（　　）

　　1. 有　　　　　　0. 无

1.1 若无，合作社开展是否愿意参与？（　　）

　　1. 愿意　　　　　0. 不愿意

1.2 若有，是否参与？（　　）

　　1. 是　　　　　　0. 否

1.3 若有，最早参与合作社农资赊购或资金互助的时间为_____年

1.4 若有，下列哪一项？（　　）

　　1. 农资赊购　　　2. 资金互助　　　3. 以上两项都有

　　4. 其他

1.5 若有，对合作社开展农资赊购或资金互助的满意程度为（　　）

　　1. 很不满意　　　2. 不满意　　　3. 基本满意

4. 较满意　　　　　5. 很满意

B01 农资赊购

1. 有无从专业合作社赊购过农资?（　）

0. 无（转问题 B02）　1. 有

1.1 若有，2016 年农资赊购的规模是_____万元，借款利率是_____%，赊购期限是_____个月

1.2 若有，2016 年农资赊购需要以下附加条件?（　）

1. 抵押　　　　　2. 担保人　　　　3. 抵押+担保

4. 以上都没有

B02 资金互助

1. 有无在合作社存过钱?（　）

0. 无（转问题 2）　1. 有

1.1 若有，2016 年出资规模是_____万元，出资收益是_____万元

1.2 若有，2016 年出资收益方式是（　）

0. 固定利率　　　1. 年末分红　　　2. 固定利率+年末分红

2. 有无在合作社借过钱?（　）

0. 无（转问题 B1）　1. 有

2.1 若有，2016 年累计借款规模是_____万元，借款利率是_____%，借款期限是_____个月

2.2 若有，2016 年借款需要附加以下条件?（　）

1. 抵押　　　　　2. 担保人　　　　3. 抵押+担保

4. 质押　　　　　5. 以上都没有

2.3 若有，一般_____天能够借到款。

2014 年以来，最近的一笔向合作社或理事长借款记录:

贷款类型	贷款金额	期限	利率	资金用途	是否逾期	是否偿还
编码1	万元	月	年	编码2	0. 否；1. 是	

编码1：0. 无抵押和担保；1. 质押；2. 担保；3. 抵押；

编码2：1. 农业生产；2. 生活消费；3. 创业支出；4. 其他

2.4 向合作社内信用合作申请借款后是否能满足您的用钱需求？（　　）

    1. 是　　　　　　0. 否

B1 信用合作管理

1. 是否参与信用合作管理？（　　）

    1. 是　　　　　　0. 否

2. 是否参与信用合作监督？（　　）

    1. 有　　　　　　0. 否

3. 对国家信用合作相关政策的了解程度为（　　）

    1. 完全不了解　　2. 不了解　　　3. 了解一些

    4. 比较了解　　　5. 很了解

4. 是否行使过信用合作管理的投票权？（　　）

    1. 是　　　　　　0. 否

5. 是否从信用合作获得分红？（　　）

    1. 是　　　　　　0. 否

B2 信用合作风险及预期

1. 您认为参与合作社农资赊购或借钱等活动的风险程度为（　　）

    1. 没有　　　　　2. 有一点　　　3. 一般

    4. 较大　　　　　5. 很大

2. 是否愿意支付入股股金？（　　）

1. 是　　　　　　　0. 否

3. 预期能否得到股金分红？（　　）

　　1. 能　　　　　　　0. 否

4. 预期贷款能否得到满足？（　　）

　　1. 能　　　　　　　0. 否

B3 信用合作认知程度

1. 是否认为拥有一人一票权（　　）

　　0. 否或不清楚　　　1. 是

2. 是否认为具有自主退出的权利？（　　）

　　0. 否或不清楚　　　1. 是

3. 是否认为资金仅用于成员之间借贷？（　　）

　　0. 否或不清楚　　　1. 是

4. 是否认为信用合作以社员服务为主要目的？（　　）

　　0. 否或不清楚　　　1. 是

C 向银行融资情况

C1 银行融资特征

1. 您近 4 年来（自 2013 以来年）有无融资需求？（　　）

　　1. 有　　　　　　　0. 无

1.1 若有，理想借贷资金规模是_____万元

2. 您对银行提供的融资服务满意程度为（　　）

　　1. 很不满意　　　2. 不满意　　　3. 基本满意

　　4. 较满意　　　　5. 很满意

3. 受到正规金融约束程度为（　　）

　　1. 无约束　　　　2. 部分约束　　　3. 完全约束

C2 银行融资约束特征

1. 您近 3 年是否向银行申请过贷款？（　　）

　1. 是　　　　　　　　0. 否

1.1 若申请过，是否获得贷款？（　　）

　1. 是　　　　　　　　0. 否

1.1.1 若获得，是否获得与申请额相等的贷款？（　　）

　1. 是　　　　　　　　0. 否

1.1.1.1 若没有，您获得贷款占想要贷款的比例是_____%

1.2 若没有，不申请贷款的原因是（多选）（　　）

　1. 不需要资金　　　2. 利息太高　　　3. 担心还不上

　4. 没有银行要求的抵押品或找不到担保人

　5. 怕抵押的东西拿不回来

　6. 手续太麻烦，审批时间长

　7. 已从其他途径获得贷款

　8. 就算申请了，也得不到贷款（转 1.2.1）

1.2.1 为什么认为申请也得不到贷款？（　　）

　1. 与信贷员不熟，没有人员关系贷不到款

　2. 曾有过信用社贷款，未还

　3. 自认为没有能力还款

　4. 自己认为没有抵押品

　5. 家里太穷，确实没有还款能力

　6. 其他

2. 您对银行贷款政策的了解程度为（　　）

　1. 非常不了解　　　2. 不了解　　　3. 一般

　4. 较为了解　　　　5. 非常了解

3. 2014 年以来，最大的一笔向银行借款记录：

贷款类型	贷款金额	期限	利率	资金用途	是否逾期	是否偿还
编码 1	万元	月	年	编码 2		0. 否；1. 是

编码 1：0. 无抵押和担保；1. 质押；2. 担保；3. 抵押；

编码 2：1. 农业生产；2. 生活消费；3. 创业支出；4. 其他

3.1 最近的一笔贷款，从申请到获得贷款的时间为_____天

3.2 最近的一笔贷款，是否具有人情费用？（　　）

　1. 是_____万元　　　0. 否

D 家庭收入与支出

年份		2013	2014	2015	2016
收入	农业经营收入				
	非农业经营收入				
支出	农业经营支出				
	非农业经营支出				
纯收入	家庭纯收入合计				

1. 2016 年家庭总资产规模_____万元

E 社员基本情况

1. 社员年龄：_____岁，性别：_____（1. 男；2. 女），家庭人口数：_____人，其中劳动力人数：_____人，从事农业的人数：_____人

2. 社员受教育程度（　　）

　1. 小学　　　　　2. 初中　　　　　3. 高中

　4. 中专　　　　　5. 大专　　　　　6. 本科

7. 研究生及以上

3. 有无村干部或公务员任职经历？（   ）

　　1. 有　　　　　　　　0. 无

4. 如果您中奖了，以下选项您会选择哪一个？（   ）

　　1. 4000 元　　　　　2. 50%可能 0 元，50%可能 10000 元

　　3. 选项 2 或者 4000 元

5. 直系亲属及经常往来的朋友户数为_____户

6. 2016 年人情、礼金支出为_____万元

被访谈人姓名：_____；联系方式：_____

F 信用评价（由理事长或其他社员评价）

1. 该社员在与合作社以往的生产合作中有无违约行为？（   ）

　　1. 有　　　　　　　　0. 无

2. 该社员在邻里之间的口碑怎么样？（   ）

　　1. 很不好　　　　　2. 较差　　　　　　3. 不好说

　　4. 较好　　　　　　5. 很好

3. 该社员在以往有无借钱不还的行为？（   ）

　　1. 有　　　　　　　　0. 无

附录 5：专业合作社信用互助问卷
调查（合作社整体问卷）

地址：_____（市）_____（县）_____（镇）_____（村）

A 合作社基本情况调查

1. 合作社名称：_____；成立时间：_____

2. 合作社产业类型（　）

　1. 种植业　　　　　2. 养殖业　　　　　3. 林木业

　4. 其他

3. 合作社成员总数：_____，其中核心社员：_____人，普通社员：_____人

4. 合作社示范等级为（　）

　1. 国家级　　　　　2. 省级　　　　　3. 市级

　4. 县级　　　　　5. 未评级

5. 合作社成立类型为（　）

　1. 基层政权推动　2. 大户能人领办　3. 企业领办

　4. 其他

6. 合作社经营范围覆盖几个自然村？（　）

　1.1 个　　　　　2.2~3 个　　　　　3.4~5 个

　4.6~7 个　　　　5.8 个及以上

7. 有无品牌？（　）

　1. 有　　　　　0. 没有

8. 有无商标？（　）

　1. 有　　　　　0. 没有

B 合作社生产经营情况

1. 合作社服务类型（多选）（　）

　1. 农资团购　　　2. 农产品团销　　　3. 技术指导

　4. 品牌服务　　　5. 农资赊购等融资服务

　6. 其他

2. 合作社服务功能程度

2.1 购买服务 （　）

  1. 自己购买农资 2. 牵线购买农资

  3. 部分或全部统一购买农资

2.2 技术服务 （　）

  1.0 项   2.1~3 项   3.3 项以上

2.3 销售服务 （　）

  1. 自己销售   2. 牵线销售   3. 买断销售

2.4 融资服务 （　）

  1. 农资赊购   2. 合作社担保借款

  3. 直接借款

2.5 其他服务 （　）

  1.0 项   2.1~3 项   3.3 项以上

3. 合作社有无固定销售渠道？（　）

  1. 有   0. 无

4. 合作社 2016 年与单社员平均交易频率 （　）

  1.1 笔   2.2~3 笔   3.4~5 笔

  4.5~6 笔   5.7 笔及以上

C 合作社资产负债表

单位：万元

年份		2013	2014	2015	2016
固定资产规模					
总资产规模					
营业收入					
成本（费用）					
可分配盈余规模					
分红规模	核心社员				
	普通社员				

212

D 合作社开展信用合作情况

1. 合作社社员是否存在融资困难？（　）

　1. 是　　　　　　　0. 否

2. 合作社当前有无提供农资赊购或资金互助业务？（　）

　1. 有　　　　　　　0. 无

2.1 若无，最主要的原因是（　）

　1. 社员不需要　　　　　2. 社员参与不积极

　3. 政府没有扶持政策　　4. 其他

2.2 若无，合作社是否有意愿开展信用合作？（　）

　1. 是　　　　　　　0. 否

2.3 若有，存在以下哪种信用合作服务？（多选）（　）

　1. 资金互助　　　　2. 农资赊销　　　　3. 其他

2.4 若有，2016 年参与农资赊购社员人数_____；参与资金

互助人数_____

D0 农资赊购情况

1. 农资赊销是否收利息？（　）

　1. 是 _____（年利率）　　0. 否

2. 农资赊销是否规定期限？

　1. 是 _____（个月）　　　0. 否

3. 合作社农资赊购规模：

年份	2013	2014	2015	2016
规模（万元）				
参与社员人数				
赊购笔数				

4. 农资赊购是否需要抵押或担保？（　　）

　　1. 是　　　　　　　　　　0. 否

5. 2016 年农资赊购资金来源（多选）（　　）

　　1. 社员入股股金_____（万元）

　　2. 合作社盈余_____（万元）

　　3. 理事长出资_____（万元）

　　4. 其他_____（万元）

D1 互助金管理

1. 互助金是承诺制还是实缴制？（　　）

　　1. 承诺制　　　　　　　　2. 实缴制

　　3. 部分承诺部分实缴

2. 互助金与合作社生产经营资金管理是否分开？（　　）

　　1. 是　　　　　　　　　　0. 否

3. 社员贷款期限一般是（　　）

　　1. 一个月　　　　　　　　2. 三个月

　　3. 半年　　　　　　　　　4. 一年及以上

4. 互助资金来源：

单位：万元

年份		2013	2014	2015	2016
股金	核心社员				
	普通社员				
社员存款					
合作社盈余					
交易留存					
政府补贴					
其他（　　）					
总额					

D2 互助资金成本收益核算

单位：万元

年份		2013	2014	2015	2016
资金规模	实缴资金				
	承诺资金				
费用支出	人工费用				
	场地费用				
	其他费用				
贷款	贷款资金余额				
	利息率（%）				
收入	贷款利息收入				
	非利息收入				
分红	核心社员				
	普通社员				
净利润					
参与社员（人数）					
累计放贷规模					

1. 社员贷款需要担保还是抵押？（　）

　　1. 担保　　　　　　2. 抵押　　　　　　3. 两者都有

　　4. 都没有

1.1 如需要担保，则可被认可的担保人有（多选）（　）

　　1. 本社社员　　　2. 小组组长　　　3. 村干部

　　4. 村里有声望者

1.2 如需要抵押，则可被认可的抵押品有（多选）（　）

　　1. 农产品　　　　2. 土地承包证　　　3. 房屋

　　4. 农业生产工具

2. 收益分配方式是？（　）

　　1. 固定收益　　　2. 固定收益+分红　　3. 分红

年份	2013	2014	2015	2016
固定收益率（%）				
分红收益率（%）				

D3 信用合作资产专用性程度

1. 针对信用合作业务是否给工作人员发工资？（ ）

　　1. 是　　　　　　　0. 否

2. 信用合作业务是否提供专门的场所？（ ）

　　1. 是　　　　　　　0. 否

3. 信用合作业务是否购入专门的设备？（ ）

　　1. 是　　　　　　　0. 否

D4 信用合作交易频率

全年累计笔数	1万元以下	1万~2万元	2万~3万元	3万~5万元	5万元以上	总数
2013						
2014						
2015						
2016						

1. 合作社开展信用合作是否存在逾期或者违约？（ ）

　　1. 是　　　　　　　0. 否

1.1 若有，2016年逾期或违约_____笔，逾期或违约金额是_____万元

D5 外部制度环境

1. 是否是信用合作试点社？（ ）

　　1. 是　　　　　　　0. 否

2. 是否受到政府部门批准或监管？（ ）

　　1. 是　　　　　　　0. 否

3. 开展资金互助（信用合作）有无有补贴？（　　）

　　1. 有　　　　　　　　0. 无

4. 地方政府有无信用合作指导文件？（　　）

　　1. 有　　　　　　　　0. 无

5. 县域内金融发展水平为（　　）

　　1. 很低　　　　　　2. 较低　　　　　　3. 一般

　　4. 较高　　　　　　5. 很高

6. 本乡镇范围内其他金融机构数量为_____；与最近的银行距离_____里

7. 2016年当地农商行的存款基准利率：_____；贷款基准利率：_____

D6 内部社会网络

1. 社员对管理者能够管理好互助金、保证其分红的信任程度为（　　）

　　1. 很低　　　　　　2. 比较低　　　　　3. 一般

　　4. 比较高　　　　　5. 很高

2. 您对取得贷款的社员能够按时还款的信任程度为（　　）

　　1. 很低　　　　　　2. 比较低　　　　　3. 一般

　　4. 比较高　　　　　5. 很高

3. 您认为，社员之间的信任程度和凝聚力为（　　）

　　1. 很低　　　　　　2. 比较低　　　　　3. 一般

　　4. 比较高　　　　　5. 很高

4. 社员参加社员大会的比例为（　　）

　　1. 20%以下　　　　2. 20%~40%　　　　3. 40%~60%

　　4. 60%~80%　　　　5. 80%以上

5. 社员对信用合作的经营情况、会计信息的需求意愿程度为（　　）

    1. 很低　　　　　　2. 比较低　　　　　3. 一般

    4. 比较高　　　　　5. 很高

6. 当您向一位社员询问贷款申请人的个人情况时（包括其家庭情况、个人品德、生产经营情况、目前借贷情况等），您得到帮助的程度为（　　）

    1. 很低　　　　　　2. 比较低　　　　　3. 一般

    4. 比较高　　　　　5. 很高

E 合作社治理机制

1. 合作社有无理事会？（　　）

    1. 有　　　　　　　0. 无

1.1 若有，理事会人数_____，其中是核心社员的人数_____

1.2 若有，2016 年理事会召开次数_____

2. 合作社有无监事会？（　　）

    1. 有　　　　　　　0. 无

2.1 若有，监事会人数_____，其中是核心社员的人数_____

2.2 若有，2016 年监事会召开次数_____

3. 合作社有无社员代表大会？（　　）

    1. 有　　　　　　　0. 无

3.1 若有，监事会人数_____，其中核心社员的人数_____

3.2 若有，2016 年监事会召开次数_____

3.3 若有，社员拥有投票权情况为（　　）

    1. 一股一票　　　　2. 一人一票有附加表决权

    3. 一人一票

4. 合作社 2016 年信用合作财务公开次数_____；2016 年合作社接待政府部门的次数_____

F 合作社理事长特征

1. 理事长年龄_____岁

2. 理事长受教育程度（　　）

  1. 小学　　　　　　2. 初中　　　　　　3. 高中

  4. 中专　　　　　　5. 大专　　　　　　6. 本科

  7. 研究生及以上

3. 有无任职村干部或公务员的经历？（　　）

  1. 有　　　　　　　0. 无

4. 是否了解国家对合作社内信用合作的相关政策？（　　）

  1. 完全不了解　　　2. 了解一点　　　　3. 一般了解

  4. 较了解　　　　　5. 很了解

被访谈人姓名：_____　　联系方式：_____

附录6："无池化"模式
——信用互助授信申请表

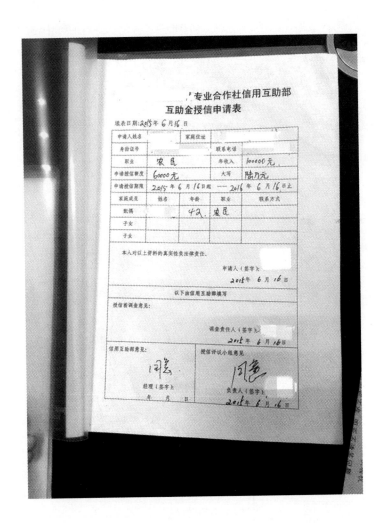

附录7："无池化"模式
——信用互助授信评议决议

附录8:"无池化"模式
——信用互助借款申请表

附录9："无池化"模式
——信用互助借款调查表

附录10："无池化"模式
——信用互助借款评议会议决议

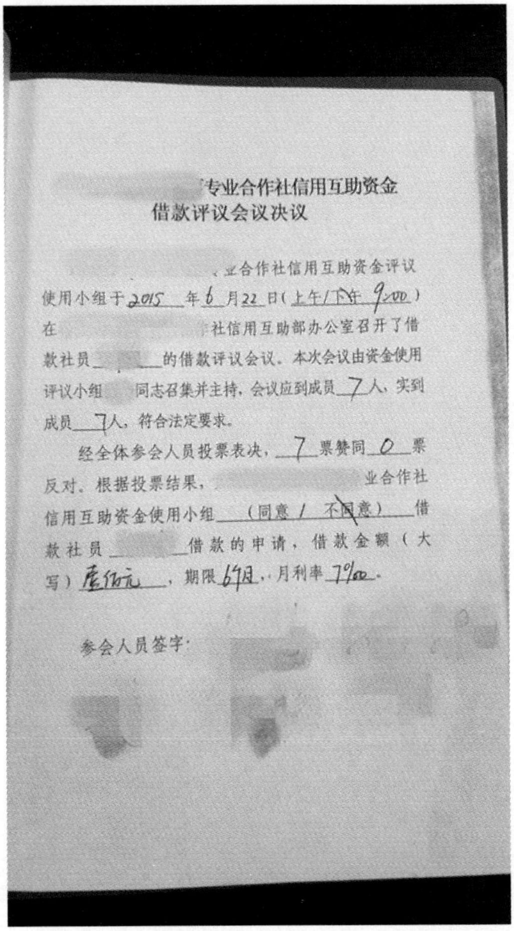

专业合作社信用互助资金
借款评议会议决议

业合作社信用互助资金评议使用小组于 2015 年 6 月 22 日（上午/下午 9:00）在 社信用互助部办公室召开了借款社员＿＿＿＿的借款评议会议。本次会议由资金使用评议小组 同志召集并主持，会议应到成员 7 人，实到成员 7 人，符合法定要求。

经全体参会人员投票表决，7 票赞同 0 票反对。根据投票结果， 业合作社信用互助资金使用小组（同意/不同意）借款社员＿＿＿＿借款的申请，借款金额（大写）壹佰元，期限6个月，月利率7‰。

参会人员签字：

附录 11："无池化"模式——借款合同

225

附录12："无池化"模式——转账通知书

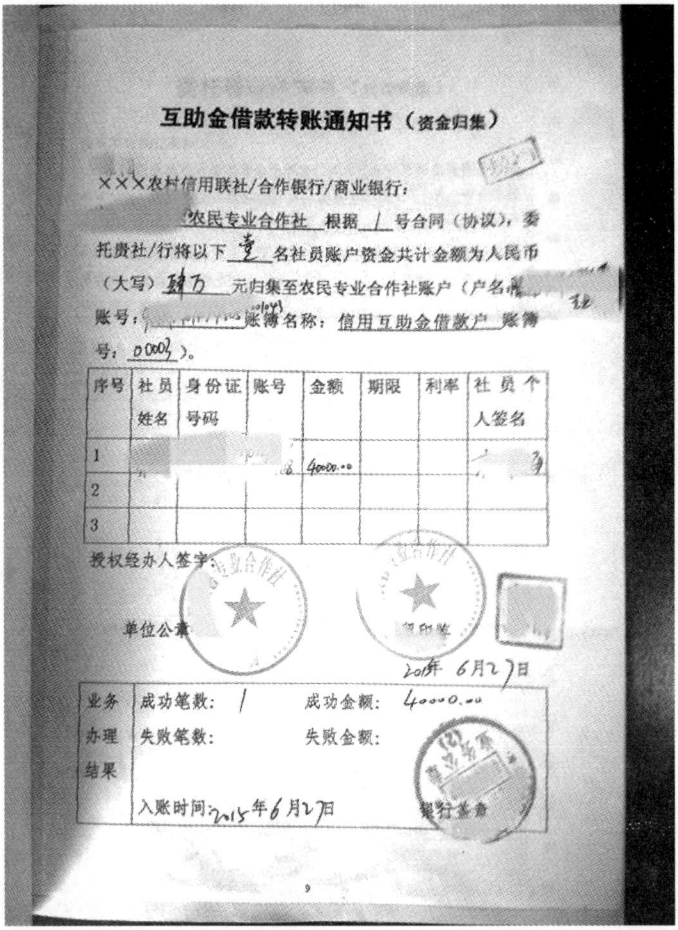

附录 13："无池化"模式
——委托转账通知书（资金发放）

附录 14："无池化"模式
——借后管理调查表

附录15："无池化"模式
——委托转账通知书（资金归还）

委托转账通知书（资金归还）

_____支行：　　　　　根据《_____业合作社信用互助资金合作社管托协议》，委托贵行将以下____名社员信用互助资金本金共计金额为人民币（大写）_____元划转至合作社账户（户名：_____ 账号：_____ 账簿名称：_____ 账簿名称：信用互助资金归还户账簿号：00004），将资金收益共计金额为人民币（大写）_____元划转至合作社账户（户名：_____ 账号：_____ 账簿名称：资金收益归集户 账簿号：00005），并对由此产生的一切法律后果负责，与贵行无关。

序号	社员姓名	身份证号码	账号	本金	收益	合计
1						
2						
3						
4						

授权经办人签字：

单位公章　　　　　　　　　预留印鉴

　　　　　　　　　　　　　　年　月　日

业务办理结果	成功笔数：	成功金额：
	失败笔数：	失败金额：
	入账时间：　年月日	银行盖章

附录 16："无池化"模式
——委托转账通知书（资金收益分配）

委托转账通知书（资金收益分配）

_____日支行：

_____专业合作社 根据 _____业合作社信用互助资金合作委托管协议》，委托贵行将合作社账户（户名：_____专业合作社 账号：_____43账簿名称：资金收益归集户账簿号：00005 资金共计金额为人民币（大写）_____元分配至以下 ____名社员账户，并对由此产生的一切法律后果负责，与贵行无关。

序号	社员姓名	身份证号码	账号	收益
1				
2				
3				
4				

授权经办人签字：

单位 公章   预留印签

                            年 月 日

- -

业务办理结果	成功笔数：		成功金额：	
	失败笔数：		失败金额：	
	入账时间：	年 月 日		银行盖章

5

附录17：“基本股金”模式
——成员信用入股金收取凭证

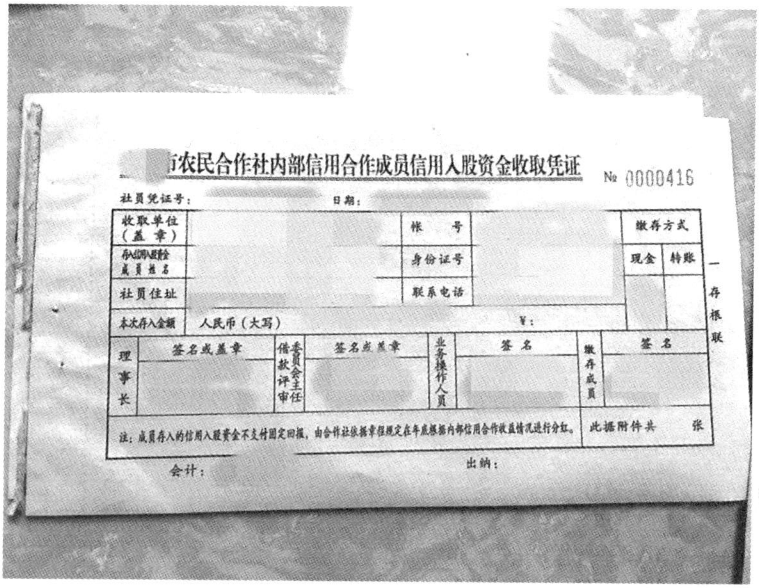
市农民合作社内部信用合作成员信用入股资金收取凭证 № 0000416

社员凭证号： 日期：

收取单位（盖章） 帐　号 缴存方式

存入信用入股资金成员姓名 身份证号 现金 转账

社员住址 联系电话

本次存入金额 人民币（大写） ￥：

理事长 签名或盖章 借款评审委员会主任 签名或盖章 业务操作人员 签名 缴存成员 签名

注：成员存入的信用入股资金不支付固定回报，由合作社依据章程规定在年底根据内部信用合作收益情况进行分红。 此据附件共　张

一存根联

会计： 出纳：

附录18："基本股金"模式
——成员借款信用情况考察报告

农民合作社内部信用合作成员借款信用情况考察报告

0000607

合作社名称				考察时间		年 月 日
借款成员姓名		身份证号			联系电话	
借款成员住址					家庭成员数	
借款成员信用合作凭证号			已入股信用资金（万元）			
借款成员年收入（万元）			与合作社同类性质项目固定资产总额（万元）			
借款成员经营规模情况						
借款成员经营状况评估	优秀	良好 □	及格 □		不及格 □	
借款成员借款用途						
借款方式	现金	农资 □				
借款成员有无不良诚信记录	1、无.					
	2、有，具体为：_____					
	（如填写不下可另具附件进行说明.）					
借款成员借还能力评价	良好	一般 □	较差 □		无偿还能力 □	
借款成员信用情况综合评价等级	优秀	良好 □	及格 □		不及格 □	
建议借款额度	人民币（大写）：_____			万元. ￥：_____		
备 注						
调查人签字：						

注：1、此表一式二联，原始联用于合作社存档，复印联归入成员档案资料；
2、此表作为合作社是否给被考察成员借取内部信用合作资金的主要参考依据，调查人员对其永负责.

附录 19："基本股金" 模式
——信用合作申请单

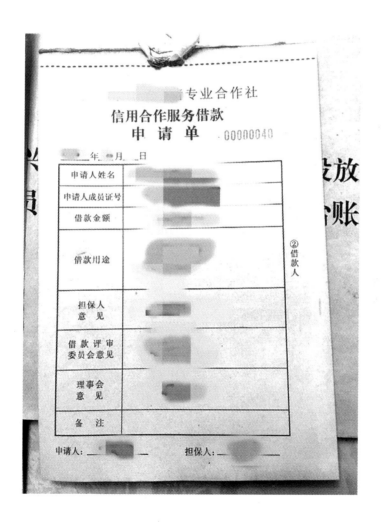

附录20："基本股金"模式
——信用合作借款合同

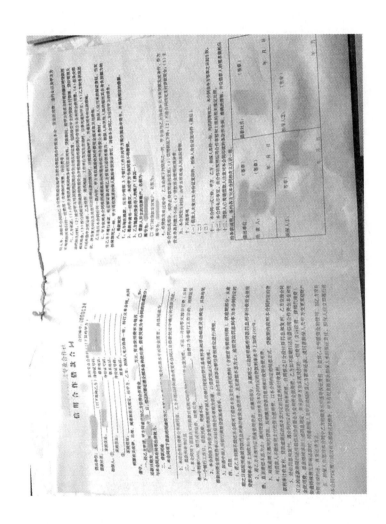

附录 21："基本股金"模式
——借款结算凭证

附录 22："基本股金"模式
——社员缴存信用合作资金明细

农民合作社社员缴存信用合作资金明细账

单位：万元

收据编号	社员姓名	缴存信用合作凭证			缴存时间			退还信用合作凭证		退还时间			认缴应付资金、使用租金	备注
		记账凭证			年	月	日	记账性质	记账凭证	年	月	日		
		年	月	日										
0000002					2014	12	14						674.47	175
0000003					2014	12	14						674.47	175
0000004					2014	12	15						674.12	175
0000005					2014	12	15						674.12	175
0000006					2014	12	15						674.12	175
0000007					2014	12	15						674.12	175
0000008					2014	12	15			2015	12	31	674.12	175
0000009					2014	12	15						674.12	175
0000010					2014	12	15						674.12	175
0000311					2014	12	14						674.12	175
0000012					2014	12	16						674.12	175
0000013														175

总归第＿＿＿页 分第＿＿＿页 归档第＿＿＿页

附录23："基本股金"模式
——信用合作资金投放管理台账

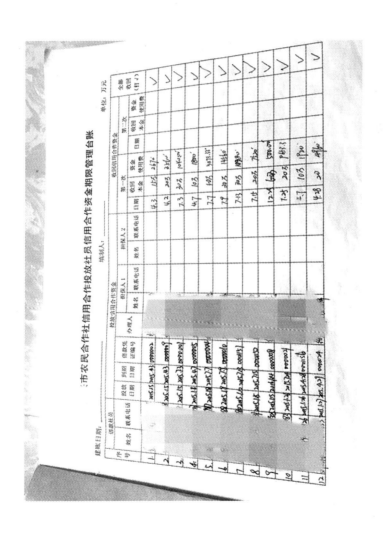

后　记

　　时光匆匆，转眼间五年研究生生涯即将落下帷幕。回首过去，犹记得第一次参加师门会时的忐忑与期待，第一次参加农村调研的兴奋与不安，第一次提笔写调研报告的抓耳挠腮……五年时间有太多的人生新体验，它将是我人生中一笔重要的财富。这五年时间的成长，离不开授业恩师的谆谆教导，也有各位师生亲友的无私帮助与支持。

　　感谢我的授业恩师——陈东平教授。五年时间里，恩师不仅指导我如何形成科研思维、如何在现实中发现问题，而且让我有机会拜访山东沂蒙山区的果品合作社，了解安徽、江西等省的农村土地确权，观摩苏南的国家级现代化农业科技园……这些丰富的下乡调研经历，不仅让我对中国的"三农"问题有了更直观、更深刻的感受和认识，而且也给我的研究带来了丰富的素材。同时，恩师不仅在治学上为我树立了榜样，而且他为人师表的人格魅力以及豁达、谦逊的处世态度，都让我受益良多。再次感谢我的授业恩师，在这五年时间里，给我指明前进的方向，为我驱除灰心丧气时的阴霾。五年时光在人生长河中不长不短，恩师的谆谆教导，将伴我一生。

　　感谢金融学院和经济管理学院的所有授业老师。钟甫宁老师的《数量经济分析》用贴近生活的案例引人入胜，徐志刚老师的《应用经济研究方法论》将理论与实践相结合，孙顶强老师的《高级微观经济学》严谨而又深奥，这些课程奠定了我的应用经济学基础。周月书

238

老师的"企业融资理论"深入浅出,董晓林老师的"农村金融概论"以历史变迁的视角徐徐展开,王怀明老师的"MM 理论"既具体又直观,张龙耀老师的"小额信贷专题"为我们讲述了最前沿的准实验研究方法,黄惠春老师的 SCP 范式让我们感受了百优提名博士论文的魅力。同时,还要感谢金融学院能够邀请国内外专家学者开展专题讲座,这些讲座让我有机会了解金融学领域最新的研究动态和研究方法。感谢辅导员汪瑨芃老师、研究生秘书冯薇老师以及院办的其他老师,是你们辛勤的工作,让我五年的研究生生涯少走了很多弯路。最后,还要感谢预答辩应瑞瑶老师,周月书老师、张龙耀老师深刻而有效的点评,它加深了我对合作社本质的认识,使我能够进一步完善文章的不足。刘晓星老师、杨加猛老师、黄惠春老师等在最终答辩中提出的严谨而有效的建议,同样让我受益匪浅。

感谢我的同门师兄弟姐妹,高名姿师姐、周明栋师兄、刘志斌师兄、许黎莉师姐、康泽清师姐、倪佳伟师姐、罗静静师姐,是你们让我感受到了师门的温暖。张蕴佳、杨丹、肖琳、施沁月、王舒、郭文卿、陈文璐、何雪静、程楠、王文忻、华楚慧、陈跃、宋文华、王成琛、陈琢、宋晗、朱小童、李静、蒋悦、丁力人、叶淼、张钰、宋军磊、杨澜等师兄弟姐妹,在这五年时间里,我们曾一起冒着风雨在江西抚州、上饶的偏远农村做入户访谈,曾一起在凌晨五点半的理科南楼实验室为调研报告而奋战,曾一起冒着酷暑探访徐州窑湾的格莱珉模式,曾一起调研中国大蒜四大产业基地——邳州大蒜集散中心,曾一起深入苏北盐城的资金互助社,曾一起寻访中国百强县级市——昆山市……张子伊、张丽芸、周楚艺、许多、梁霄、徐康源、王倩文、王苗苗等师弟师妹在问卷调研和数据整理上也给予我莫大的帮助。五年时光历历在目,谢谢这些曾经和我一起并肩作战的师兄弟姐妹,你们的关怀与帮助,我将铭记于心。同时,也要感谢王海员、周振、任芃兴、芮航帆、林珑等师兄师姐，你们在就业乃至学习上，也给了我无限关怀。还要感谢一起在理科南楼实验室以及第三实验楼博士机房共同奋斗的小伙伴们，陈清华师姐是理科南楼实验室的学习标兵，向董凯、顾庆康、石晓磊、肖龙铎、朱敏杰等师兄的请教让我收获良多，顾天竹、陈凯渊、祁啸、薛超、许玉韫、陈秋月、袁振、徐章星、陈燕、彭媛媛等同人及师弟师妹，你们是我忠实的战友和伙伴，愿你们心想事成。

最后，也要感谢我的父母、姐姐、姐夫还有我的对象吴家钰女士，是你们包容我的心焦气躁，为我分担家庭上的责任，你们是我坚强的后盾，让我在面临学业上的困难与挫折时没有丧失信心。

张　雷

2019 年 8 月 15 日

于第三实验楼自习室